KB078000

Special Thanks to

세상이 아무리 바쁘게 돌아가더라도
책까지 아무렇게나 빨리 만들 수는 없습니다.

길벗은 독자 여러분이
가장 쉽게, 가장 빨리 배울 수 있는 책을
한 권 한 권 정성을 다해 만들겠습니다.

독자의 1초를 아껴주는 정성을
만나보세요.

홈페이지의 '독자광장'에서 책을 함께 만들 수 있습니다.

㈜ 도서출판 길벗 www.gilbut.co.kr
길벗스쿨 www.gilbutschool.co.kr

브랜딩을 위해 직접 콘텐츠를 만들고 있거나 마케팅에 관심 있는 분이라면 이 책이 정말 가치 있게 느껴질 것이다! 현재 1인 기업 6년 차로서 이 책을 통해 콘텐츠를 대하는 태도를 다시 한번 정리하게 되었고, 자동화로 가기 위한 마케팅의 막막함이 친절한 안내로 인해 따라 해보고 싶은 즐거움으로 바뀌었다. 친절하지만 예리한 마케팅 책을 찾고 있다면 이 책이 길잡이가 되어줄 것이다!

〈밀레니얼 세대가 돈 버는 법〉 저자 고아라

"자동화 마케팅의 핵심은 '수동화'로부터 시작되는 것입니다."
이 책은 두 작가의 '치열한 수동화' 여정을 통해 책의 내용과 프로세스를 잘 따라가기만 하면 독자들이 '건강한 자동화' 여정을 잘 받아들일 수 있는 좋은 길잡이가 되어줍니다. 차분하게 선배들의 열린 길을 따라가며 일어나는 각자의 호기심과 궁금증을 기쁘게 맞이하시길 바랍니다.

〈오프라인 사업만 10년 한 39세 김 사장은 어떻게 콘텐츠 부자가 됐을까?〉 저자 자유리

사업 시작 전, 마케팅은 남 일인줄 알았습니다. 사업 시작 후, 마케터 뽑으면 해결될 줄 알았습니다. 하지만 아니었지요. 사장인 제게 필요한 것은, 당장 실행할 수 있는 현실적인 마케팅 공부였어요. 바로 이 책에 담긴 내용처럼요!

〈소심한 가오리도 창업합니다〉 저자 창디

사업가를 위한 완벽한 자동화 입문서. 경제적 자유뿐만 아니라 시간적 자유를 실현하기 위한 A-Z까지의 지침을 제공하며, 시행착오도 숨기지 않고 공유한다. 이 책을 통해 자동화 세계로 뛰어들 용기와 지침을 얻게 될 것이다.

5분회계

자동화 마케팅의 탈을 쓰고 고효율 콘텐츠 마케팅의 Why, How, What까지 친절하게 안내해주는 저자들의 경험담이 '와, 여기까지 알려준다고?' 싶을 정도로 구체적인 사례와 함께 알알이 박혀있는 책이네요.

콘텐츠 마케팅으로 광고 없이 돈 벌고 있는 간판왕 〈시선공작소〉 짝새

잠잘 때도 돈 버는 콘텐츠 공식

자동화 마케팅
무작정 따라하기

신태순, 조수현 지음

잠잘 때도 돈 버는 콘텐츠 공식

자동화 마케팅 무작정 따라하기

The Cakewalk Series — Content-based Marketing automation

초판 발행 · 2023년 9월 20일

지은이 · 신태순, 조수현
발행인 · 이종원
발행처 · (주)도서출판 길벗
출판사 등록일 · 1990년 12월 24일
주소 · 서울시 마포구 월드컵로 10길 56(서교동)
대표 전화 · 02)332-0931 | **팩스** · 02)322-0586
홈페이지 · www.gilbut.co.kr | **이메일** · gilbut@gilbut.co.kr

기획 · 박슬기(sul3560@gilbut.co.kr), 안수빈(puffer@gilbut.co.kr)
디자인 · 장기준 | **제작** · 이준호, 손일순, 이진혁, 김우식
영업마케팅 · 전선하, 차명환, 박민영 | **영업관리** · 김명자 | **독자지원** · 윤정아

교정교열 · 안혜희 | **전산편집** · 김정미 | **CTP 출력 및 인쇄** · 상지사피앤비 | **제본** · 상지사피앤비

ISBN 979-11-407-0629-7 03000

(길벗 도서번호 007172)

가격 22,000원

독자의 1초를 아껴주는 정성 길벗출판사

길벗 IT단행본, IT교육서, 교양&실용서, 경제경영서 www.gilbut.co.kr
길벗스쿨 어린이학습, 어린이어학 www.gilbutschool.co.kr

페이스북 ▸ www.facebook.com/gilbutzigy
네이버 포스트 ▸ post.naver.com/gilbutzigy

바야흐로 마케팅의 시대입니다.
좋은 제품과 서비스가 날개 돋친 듯 팔리던 시대는 가고,
광고, 마케팅, 브랜딩, …
온갖 스킬을 배우고 활용해야만
사업이 제대로 굴러가는 시대가 되었습니다.

광고비는 줄줄 새고, 매출은 나오지 않고,
어떻게든 내 사업체를 지키기 위해
고군분투하는 당신을 위해 이 책을 썼습니다.

콘텐츠를 기반으로 한 자동화 마케팅은
국내에서는 아직 낯선 개념이지만,
해외에서는 이미 그 가치를 인정받아
수많은 사업에 적용되고 있습니다.

저희는 6년, 10년간 사업체를 운영하며
자동화 마케팅 방법론을 직접 적용하고 연구해왔습니다.
시행착오를 겪으며 좌절하기도 했지만,
경험해 보지 않고는 알 수 없는 값진 노하우를 얻었고,
그 모든 것을 이 책에 녹여냈습니다.

자동화 마케팅을 구축하는 과정이 쉽지만은 않겠지만,
저희의 현실적이고 솔직한 경험담과
뼈아픈 시행착오의 기록을 이 책에 알차게 눌러 담았으니,
여러분은 조금 덜 아프고, 더 수월하게 성장할 수 있기를 바랍니다.

2016년, 유튜브 채널에 자동화 마케팅에 대한 영상을 하나 올렸다. 그 이후로도 줄곧 해외에서 MarTech(Marketing+Technology) 관련 정보를 습득해서 비즈니스에 써먹었다. 여기서 얻은 크고 작은 성과를 보고 자동화 마케팅에 관심을 갖는 분들이 많아졌다. 하지만 막상 관련 주제로 강의를 열어보니, 90%가 중도에 하차하는 것이 아닌가? 기가 막힌 광경을 보고 고민이 매우 깊어졌다.

사람들이 '자동화 마케팅'이라는 신세계에 관심을 가졌다가 쉽게 포기하는 이유는 다음과 같다.

첫 번째, 심리적인 거부감이다. 자동화 마케팅을 구현하려면 새로운 툴을 배워야 한다. 대부분 해외 툴이라 영어로 되어 있어서 거리감이 크다. 나도 이런 거부감을 극복하는 과정이 여전히 고통스럽다.

두 번째, 간절함의 부재이다. 누구나 지금보다 더 잘 살고 싶은 간절함이 있지만, 자동화를 내 비즈니스에 '반드시' 접목해야 할 간절함을 가진 사람은 상대적으로 적다. 더 많은 사람에게 도움을 주고 싶지만 시간적 한계에 부딪힌 사람이라면 자동화 마케팅은 좀 더 절실하게 다가온다. 나 역시 그런 사람이었고, 그 절박함 덕분에 자동화 마케팅을 끝까지 놓지 않을 수 있었다.

세 번째, 멘토링의 부재이다. 자동화 마케팅은 관련 정보를 아는 것만으로는 실제 성과를 내기가 쉽지 않다. 현장에서 적용해 보면 예상과 다르게 작동하는 경우가 자주 발생하기 때문이다. 그런 어려움을 마주할 때 어떤 태도를 취해야 하는지도 쉽게 배울 수 없다. 나는 운 좋게 이런 어려움을 하나씩 극복하면서 소기의 성과를 얻었지만, 그 과정은 무척 외로웠다. 자동화 마케팅의 마법 같은 성과와 현실적인 어려움에 대해 깊이 대화할 사람이 없었기 때문이다.

다행히 2018년, '순간랩' 커뮤니티에서 이 책의 공동 저자인 조수현 작가를 만났다. 앞에서 언급한 절박함을 갖추고 심리적 거부감을 극복할 수 있는 인재였다. 커뮤니티가 콘텐츠와 자동화 마케팅을 기반으로 운영될 때까지 조수현 작가와 거의 매주 대화를 나누며 훌륭한 콘텐츠 마케터로 성장하는 모습을 지켜볼 수 있었고, 이젠 자동화 마케팅과 관련된 그 어떤 대화도 나눌 수 있는 파트너가 되었다.

우리는 수많은 난관과 시행착오를 극복하며 성과를 만들어왔다. 이제 그 과정을 성숙한 방식으로 전달할 수 있다는 믿음이 생겼기에 이 책을 집필할 수 있었다. 화려한 기술에 눈이 먼 반쪽짜리 마케팅이 아닌, 기업가 정신을 담은 마케팅 책을 만들기 위해 무르익기까지 무척 오랜 시간이 걸렸다. 이 책을 통해 균형 잡힌 시각과 도전적인 태도를 익히는 분들이 더 많이 나타나고, 그분들이 건강한 마케팅 문화를 전파하는 모습을 오래 지켜보고 싶다.

신태순

여러분은 왜 '자동화 마케팅'에 관심을 갖게 되셨나요?

제가 처음 자동화 마케팅에 관심을 가졌던 이유는 오직 하나, 그 당시 하고 있던 업무를 줄이고 싶어서였습니다. 저는 '순간랩'이라는 교육 커뮤니티 사업체를 통해 사업을 시작했습니다. 현재는 콘텐츠 기반의 자동화 마케팅을 바탕으로 운영되고 있지만, 과거에는 오로지 대면 세일즈로만 매출을 올리는 구조였습니다.

다른 팀원들과 달리 저는 지독할 정도로 세일즈를 못했습니다. 누군가에게 우리 서비스를 구매하라고 직접 말하는 것 자체가 너무 부담스럽고 버겁더라고요. 그리고 대면 세일즈는 즉시 성과를 낼 수 있지만, CS 단계에서 많은 어려움을 겪는 치명적인 단점이 있었습니다.

더 이상 세일즈 때문에 힘들고 싶지도 않았고, 넘치는 일을 어떻게든지 줄여야겠다는 생각으로 이 책의 공동 저자인 신태순 작가님에게 가르침을 청하여 익히기 시작한 것이 바로 콘텐츠 기반 자동화 마케팅이었습니다.

그래서 자동화 마케팅을 익혔더니 모든 문제가 해결되었냐고요?

물론 그렇지는 않았습니다. 처음에는 자동화 마케팅을 대강 배우기만 하면 꽃길 같은 미래가 펼쳐질 줄 알았습니다. 잠을 잘 때도 돈이 들어오고, 놀고먹는 순간에도 통장에 돈이 꽂히는 그런 구조가 될 줄 알았어요. 하지만 그게 현실로 이루어지기 위해서는 수많은 시행착오를 겪어야 한다는 걸 간과했습니다. 그래서 초반에는 심하게 마음고생을 했던 기억이 납니다.

그럼에도 불구하고 자동화 마케팅을 통해 반복 업무를 줄이고 더 행복하게 일할 수 있다는 희망이 있었기에 포기하지 않았습니다. 그 결과, 지금은 제가 가진 능력을 통해 돈도 벌고 과거의 저와 같은 어려움을 겪는 사람들을 돕는 방향으로 나아가고 있어요. 물론 지금도 끊임없이 시행착오를 겪으며 배우고 있지만요. 이 책을 읽고 계신 여러분도 여러분만의 이유를 찾아서 자동화 마케팅의 기쁨을 누려보시길 바랍니다. 언젠가 같은 길을 가는 사람이 되어 만날 수도 있겠지요.

저를 응원해 주시는 모든 분과, 이 책이 나올 수 있도록 도와주신 모든 분께 진심으로 감사드립니다.

조수현

PART 4 : 간단한 홈페이지 세팅부터 트래픽 모으기까지!

무엇이든 물어보세요

책을 읽다 궁금한 점이 생기면 길벗 홈페이지(gilbut.co.kr)에 회원으로 가입하고 고객센터의 1:1 문의 게시판에 질문을 남겨보세요. 지은이와 길벗 독자지원센터에서 신속하고 친절하게 답변해 드립니다.

 문의 방법 ··

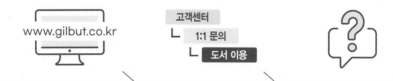

길벗출판사 홈페이지(www.gilbut. co.kr)에 회원 가입 후 로그인합니다.

[고객센터] → [1:1 문의] → [도서 이용] 에서 책 제목을 검색합니다.

이미 등록된 질문을 검색하거나 새로운 질문을 등록합니다.

PART 1

갈수록 '돈 먹는' 마케팅
vs 갈수록 '돈 버는' 마케팅

광고비는 오르고 성과는 떨어지는 이유

01 : "광고비를 2배나 써도 이전만큼 매출이 안 나와요!"

자동화 마케터로 일하다 보면 이렇게 말씀하시는 분들을 종종 만나게 됩니다. 이 책을 읽고 있는 여러분도 비슷한 고민이 있나요? 광고비를 더 많이 쓰는데도 매출이 생각처럼 나오지 않는다면 그 원인은 다양합니다. 마케팅 전략을 잘못 짰거나, 세일즈 페이지를 자주 업데이트하지 않아 고객에게 신뢰를 주지 못했을 수 있습니다. 또는 시장의 니즈(needs)를 제대로 반영하지 못한 상품을 계속 판매하거나, 상품 자체의 매력도가 떨어졌다는 사실을 놓치고 있는 경우일 수도 있어요.

앞에서 나열한 원인은 업체의 내부적인 판단 실수로 흔히 발생할 수 있습니다. 하지만 마케팅 전략도 잘 짜고 소비자의 니즈를 잘 반영한 제품을 만들었는데도 광고 효율이 '뚝' 떨어진 업체들도 분명히 많습니다. 그렇다면 이런 업체들은 광고비를 더 많이 쓰는데도 왜 매출이 떨어진 것일까요?

02 : 광고 효율이 떨어지는 세 가지 이유

광고 효율이 떨어지는 가장 큰 원인은 다음 세 가지 이유 때문입니다.

첫 번째 이유, 강화된 개인 정보 보호 이슈

이전에는 웹이나 앱에서 사용자의 활동 기록을 추적하여 좀 더 정밀한
타기팅(targeting) 광고가 가능했어요. 하지만 최근에는 활동 기록
추적이 제한되면서 타기팅 광고 효과가 크게 줄었습니다. 쉽게 말해서
이전에는 사용자가 검색 창에 '남성 정장'이라고 검색하면 이 정보를
기억했다가 페이스북이나 인스타그램, 구글에서 남성 정장 관련 광고
를 띄울 수 있었습니다. 하지만 이제는 이러한 광고 활동이 제한적으
로만 가능합니다. 사용자가 적극적으로 자신의 정보 추적에 대해서 허
락한 경우에만 맞춤형 광고가 제공되고 그렇지 않은 경우에는 맞춤형
광고를 하지 못하게 되었습니다.

> ✍ **comment**
> 개인 정보 노출을 민감하
> 게 생각하는 사용자들이
> 점점 더 많아지면서 정보
> 를 추적하는 일이 더 어
> 려워지고 있습니다. 필자
> 도 정보를 추적하는 것
> 에 대해 대부분 '동의하
> 지 않음'을 선택하고 있
> 어요.

두 번째 이유, 광고에 대한 소비자의 피로 누적

바로 이 지점이 광고 효율이 떨어지는 데 큰 몫을 했다고 볼 수 있습니
다. 이전에는 광고 크리에이티브를 제작하고 매체에 집행하는 것이 매
우 전문적인 영역처럼 다루어지곤 했어요. 하지만 이제는 누구나 템
플릿을 활용해서 손쉽게 이미지와 영상 광고를 만들 수 있게 되었습니
다. 광고를 집행한 곳에서 편리하게 통제할 수 있는 서비스도 늘어나
고 있죠. 이제는 아이디어만 있으면 누구나 광고를 집행할 수 있는 시
대가 된 것입니다.

▲ 광고 집행을 도와주는 서비스, 아드리엘(Adriel)

그러던 중 '빠르게 매출을 올리는 카피라이팅 기술' 같은 것이 인기를 끌기 시작했습니다. 매출로 직결만 된다면 과장 광고나 허위 광고를 하는 것도 기꺼이 감수하는 업체들이 늘면서 이들끼리 자극적인 광고 문구로 경쟁이 붙었습니다. 그 결과, 소비자들은 점점 더 광고 자체를 불신하기 시작했죠. 더 이상 광고 문구를 곧이곧대로 믿지 않고 자극적으로 광고하는 제품이나 서비스를 오히려 의심하게 된 것입니다.

게다가 최근 몇 년간 방송사의 과도한 PPL(Product PLacement)과 인플루언서들의 뒷광고 논란으로 'SNS 광고는 믿고 거른다'라는 말까지 돌고 있습니다. 고객에게 과한 기대감을 불러일으키는 광고는 구매가 발생해도 소비자의 불쾌한 후기가 누적되므로 장기적인 관점에서 브랜딩(branding)을 하는 데 악영향을 끼칩니다.

세 번째 이유, 눈높이가 올라간 소비자

마지막 이유는 두 번째 이유와 같은 맥락입니다. 자극적인 허위 광고에 더 이상 손해 보고 싶지 않은 소비자들은 점점 더 많은 정보를 검색해 보게 되었고, 이에 따라 소비자들의 검색 능력도 자연스럽게 향상되었습니다. 실제 제품이 광고에서 말하는 만큼의 효능이 있는지 쉽게 찾을 수 있게 된 것이죠. 또한 흔히 말하는 '작업'을 통해서 후기를 조작하고 가짜 계정을 활용해서 그럴듯하게 만든 콘텐츠를 분별할 수 있는 눈도 생기기 시작했습니다.

결과적으로 소비자들을 위해서 진정성 있게 오랜 시간 콘텐츠를 쌓아오고 소통한 업체만 살아남는 방향으로 가고 있습니다. 빠르게 돈을 벌기 위해서 광고만 그럴듯하게 만들거나 가짜 콘텐츠를 급히 쌓은 업체는 선택받기가 더 어렵게 된 것이죠.

03 : 광고비에 의존하는 마케팅의 악순환

매달 무리한 광고비를 쓰는데도 효과가 없어서 답답한 사람들이 많이 있을 거예요. 이럴 때 광고 매체나 타깃 또는 노출 키워드를 바꾸는 방식으로만 접근하고 근본적인 문제 상황에 대한 인식이 없다면 매출이 개선되기는 힘듭니다.

어디서부터 잘못된 것인지 모르겠지만, 사업을 시작하는 사람들이 흔히 착각하는 사실이 하나 있습니다. 본인이 보기에 만족스러울 정도의 제품과 서비스를 만들고 난 후 광고비를 적당히 지출하면 돈을 벌 수 있을 거라고 착각하는 것입니다.

 잠깐만요 | 광고 게시글을 클릭하지 않는 사람들

다음은 사람들이 구글에서 검색한 후 어떤 행동을 하는지 조사한 통계 자료입니다. 자연 검색(Organic CTR), 즉 광고가 아닌 일반 게시물을 눌러보는 수치에 비해 광고를 보고 클릭하는 Paid CTR 비율이 20분의 1 정도로 낮은 것을 알 수 있습니다.

사람들이 구글에서 검색한 후 하는 행동

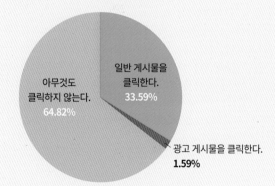

▲ 구글 검색의 클릭을 분석한 통계(자료 출처: SparkToro, Google Search CTR & Zero-Click Searches, 2020)

💡 **comment** 쇼핑몰을 만들고 나면 어떻게 알았는지 '키워드 광고만 하면 매출이 오른다'고 부추기는 업체들의 광고 전화가 기가 막히게 많이 옵니다. 이런 업체들이 광고에 대한 환상을 심어주었을 수도 있습니다.

아이템을 정하고 홈페이지를 만든 후에 광고를 집행하는 프로세스를 당연하게 여기고 있는 분들이 많을 텐데, 이런 방식으로 접근하면 '무조건' 광고에 의존하게 됩니다. 초반에 많은 비용을 지출한 후 들어간 비용을 회수하기 위해 무리하게 광고를 집행하고 이성적인 판단을 하지 못하게 되는 것이죠. 이러한 방식은 그야말로 밑 빠진 독에 물만 계속 붓는 것입니다. 독이 깨지고 나서야 문제를 인식하는 안타까운 사람들을 반복해서 계속 목격하고 있습니다. 결국 '의존적 마케팅의 악순환'에 빠진 것입니다.

광고가 무조건 나쁘다고 말하는 것이 아닙니다. 광고비를 썼을 때 그 광고비가 제대로 매출에 기여할 수 있는 입체적인 구조를 먼저 이해해야 합니다. 이렇게 하려면 우선 앞에서 설명한, '광고비를 써도 매출이 늘어나지 않고 있는 본질적인 이유'에 대해 정확하게 이해하고 있어야 합니다.

SUMMARY

모든 광고가 나쁘다는 이야기가 절대 아니라는 점을 다시 한번 강조합니다. 다만 광고비를 써야만 소비자에게 도달할 수 있다고 의존적으로 생각하는 것은 위험합니다. 광고비를 쓰지 않고도 소비자에게 '충분히' 잘 도달할 수 있습니다. 이렇게 도달하는 데 필요한 다양한 방법이 있으니 쉬운 것부터 차근차근 시도해 보기를 추천합니다.

이 책에서는 콘텐츠를 기반으로 한 자동화 마케팅과 SEO(Search Engine Optimization, 검색 엔진 최적화)를 기반으로 콘텐츠를 노출하는 방식을 다루고 있습니다. 이 정도만 알고 있어도 우리나라에서 그 어떤 경쟁자보다 균형 있게 마케팅을 준비할 수 있어요. 그러므로 이 책을 끝까지 읽고 광고비 집행에 의존하는 마케팅에서 벗어나는 균형 감각을 꼭 익혀보세요.

Section

02

SNS만 하면 모두 돈을 벌 수 있을까?

01 : SNS가 매출 상승의 해답이 될 수 있을까?

광고비를 많이 써도 이전만큼 매출이 나오지 않고 심지어 매출이 줄어드는 사실을 발견했다면 그동안 귀찮아서 미뤄왔던 SNS 채널을 키우는 데 관심을 갖기 시작합니다. 사업을 하려면 'SNS(Social Networking Service)'라는 플랫폼을 이용해서 소비자를 설득하는 콘텐츠를 올려야 한다는 이야기를 여기저기서 많이 듣기 때문입니다.

> 💡 **comment** 콘텐츠를 생산하는 주체와 콘텐츠를 소비하는 주체가 있고 이들을 연결하는, 콘텐츠 플랫폼에 해당하는 유튜브(YouTube), 블로그(Blog), 틱톡(TicTok)과 같은 채널들이 많습니다. 이 책에서는 이런 콘텐츠 플랫폼을 'SNS'라고 통칭하여 설명하겠습니다.

사업을 하고 있다면 주변에서 자신의 SNS를 키워서 브랜딩을 하고 매출을 올리는 사례를 한두 번쯤은 들어보았을 거예요. 하지만 막상 직접 SNS를 하려면 귀찮을 것 같다는 생각도 들기 마련입니다. 그래서 광고비를 써서 바로 고객에게 다가가려는 선택을 하게 되고, 18쪽에서 다룬 것처럼 밑 빠진 독에 물 붓기를 시작하게 되죠.

'광고 집행에 의존하면 안 되겠구나! 이제라도 SNS 채널을 제대로 운영해 봐야겠다.'라고 다짐하는 사람들도 많습니다. 하지만 '내가 안 해서 그렇지, 하면 또 잘할 수 있지.'라는 생각으로 만만하게 SNS를 시작하면 큰코다칠지 모릅니다. SNS 계정을 만들고 콘텐츠를 올린다고 해도 매출이 상승하는 일은 한동안 기대하기 어려울 테니까요.

자신의 주변에 SNS로 돈을 번 사례가 있다고 해서 모든 SNS 계정 운

19

영이 매출과 직결되는 황금기라고 착각하면 안 됩니다. 그렇다고 너무 걱정할 필요는 없어요. 이러한 연결 고리에 대해서는 이 책에서 계속 언급할 것이고 책 전반에 걸쳐서 좋은 아이디어를 얻을 수 있으니까요.

02: SNS를 운영하면서 겪게 되는 시행착오

질문을 하나 해 볼게요. 만약 독자 여러분이 한 업체의 사장으로서 SNS 계정을 만들었다면 누가 그 계정을 관리하고 운영해야 할까요? 계정 관리 및 운영 주체는 다음 세 가지 유형으로 정리할 수 있을 거예요.

❶ 사장님이 직접 운영하는 경우
❷ 직원이 운영하는 경우
❸ 관리 대행을 맡기는 경우

평소 SNS에 대해 충분히 이해하고 있다면 계정 관리 및 운영 주체를 선택하는 게 어렵지 않을 것입니다. 하지만 그렇지 않다면 어떤 선택을 해도 크고 작은 시행착오를 감수해야 합니다. SNS에 대한 이해 없이 계정만 만들고 나면 매출이 상승할 거라고 기대하는 사장님이 겪게 될 대표적인 시행착오는 다음과 같습니다.

첫 번째 시행착오, 사장님이 직접 운영하는 경우

이 경우에는 일반적으로 어떤 콘텐츠를 올려야 할지 몰라서 제대로 업로드하지 못하고 처음부터 난관에 부딪히게 됩니다. 소비자의 입장이 아니라 생산자의 입장에서 주로 생각하다 보니 소비자를 위해 어떤 콘텐츠를 올려야 할지 답답하기만 합니다.

이런 상황에서는 두 가지 정도의 방향을 선택할 수 있어요. 하나는 상품 홍보나 가격을 안내하는 콘텐츠를 올리는 방향, 또 다른 하나는 자신의 일상만 공유하는 방향입니다. 둘 다 기본적으로 필요한 콘텐츠 주제이지만, 이 방향으로만 열심히 콘텐츠를 올린다면 매출에 긍정적인 영향을 주지는 못합니다. 열심히 했는데도 매출이 발생하지 않는 현상을 보면서 'SNS는 매출에 별로 도움이 되지 않는다.'라고 판단하여 SNS를 더욱 멀리하게 됩니다. 그래서 결국 SNS 계정을 방치하는 선택을 하게 되는 것입니다.

두 번째 시행착오, 직원이 운영하는 경우

SNS를 많이 운영해 본 직원이라면 앞의 경우보다는 조금 낫습니다. 하지만 사장님이 깊게 관여해서 최종 확인하는 방식으로 운영한다면 앞의 경우와 크게 달라지지 않게 됩니다. 아무래도 월급을 지급하는 사장님의 입장에서는 수치상으로 눈에 보이는 빠른 성과를 기대하게 됩니다. 상황이 이렇다 보니 충분한 시간적 여유를 두고 성과를 측정하기 어렵고 콘셉트가 자주 바뀌면서 어수선한 SNS 채널이 되어 버리는 경우가 많습니다.

세 번째 시행착오, 관리 대행을 맡기는 경우

좀 더 전문적인 서비스를 받을 수 있을 것이라는 기대감으로 관리 대행을 시작합니다. 하지만 대행사는 한 곳의 업무만 담당하고 있지 않으므로 높은 수준의 관리를 바란다면 금방 실망하게 됩니다. 대행사의 포트폴리오를 보면서 기대가 컸다면 실망감도 그만큼 빠르게 다가옵니다.

대행하는 입장에서도 당장의 '빠른 성과'에 초점을 맞추다 보니 기존에 검증된 비슷한 형태의 콘텐츠를 만들게 되어 차별화와는 거리가 먼 채널 운영 방식을 고수하게 됩니다. 운이 좋다면 초기에 반응이 좋을 수도 있어요. 하지만 어디서든지 흔히 볼 수 있는 특색 없는 채널이 되어 버리면 초기의 좋은 반응도 지속하기 어려워집니다.

03 : 매출을 상승시키는 SNS의 세 가지 특징

'아니 그러면 도대체 어떻게 하라는 말이지?'라는 생각이 들 거예요. 콘텐츠 발행 횟수를 획기적으로 늘리지 않아도, 콘텐츠 퀄리티를 비약적으로 높이지 않아도, '반드시' 매출에 기여하는 SNS 채널로 성장하는 아주 좋은 방법이 있습니다.

자기 사업을 하는 사람들에게는 마케팅에 할애할 수 있는 자원과 시간이 매우 한정되어 있습니다. 이렇게 한정된 자원과 시간 안에서, 어디에 중심을 두어야 할지 모르고 SNS 채널을 운영한다면 불필요한 비용과 시간을 쓰게 되어 좋은 성과를 내지 못합니다. 결국 두 마리 토끼를 모두 놓치는 셈이죠. 따라서 이제부터 설명하는 방법에 자원과 시간을 좀 더 집중해 보세요. 그러면 어떤 선택을 하든지 균형 있게 SNS을 운영할 수 있을 거예요.

첫 번째 특징, 정기적으로 콘텐츠를 발행한다.

SNS에 정기적으로 콘텐츠를 발행하면 고객의 신뢰를 더욱 쉽게 얻을 수 있습니다. 일정한 시간에 꼬박꼬박 콘텐츠를 발행하기 위해 콘텐츠 하나에 들어가는 리소스를 줄여도 괜찮습니다. '정기적으로' 발행하는 것이 더 중요하기 때문이죠. 이를 위해서는 콘텐츠를 기획하는 시간을 꼭 확보해야 합니다.

💡 **comment** 미리 템플릿을 만들어 두어 콘텐츠 제작 시간을 줄이는 것도 좋은 방법입니다.

두 번째 특징, 고객 친화적인 정보성 콘텐츠를 발행한다.

일방적인 상품 홍보만 올리는 SNS 계정이 너무 많습니다. 심지어 비싼 스튜디오와 장비를 동원해서 만든 '그럴듯한' 영상이나 사진을 상품 홍보 콘텐츠로 올려놓기도 하죠. 하지만 이렇게 많은 노력과 비용을 들여도 이후에 콘텐츠 발행을 중단하는 경우가 대부분입니다.

누구도 이런 SNS를 보면서 자신의 지갑을 열지 않습니다. 영상과 사진의 퀄리티는 우선순위가 아닙니다. 그보다 우선 고객이 볼 때 '이 SNS 채널이 나에게 도움이 되겠다!'라는 느낌을 줄 수 있어야 합니다. 고객의 문제를 해결해 주거나 공감이나 웃음을 줄 수 있는 콘텐츠를 함께 발행하는 것이 핵심입니다.

세 번째 특징, 소통과 댓글, 이벤트에 신경 쓴다.

내 서비스나 제품에 관심을 가질 만한 사람에게는 좀 더 적극적으로 접근할 필요가 있습니다. 이들을 팔로우하고 댓글을 다는 행위가 바로 그런 것이죠. 물론 먼저 댓글을 달아준 사람들에게 감사 표시를 하는 것은 필수입니다. 일방적인 SNS 채널인지, 아닌지는 댓글에 대한 답변이 잘 달리는 것으로 판단할 수 있습니다. 고객들은 지갑을 열기 전에 '나 이외의 사람들이 이곳에서 대화를 나누고 있는가?'의 여부를 살펴보고 제대로 소통되는 모습을 확인하고 나서야 안심하고 지갑을 열죠. 이뿐만이 아닙니다. 활발하게 소통이 이루어지고 있는 SNS 채널이 더 많은 대중에게 노출되고 바이럴 될 확률이 높습니다. 광고비를 쓰지 않고도 자연적으로 타깃 고객에게 콘텐츠가 도달하도록 만드는 핵심 지표가 바로 활발한 소통입니다.

comment
바이럴(viral)이란, 바이러스(virus)의 형용사 형태로, 마치 바이러스가 전염되듯이 소비자들 사이에 입소문이 도는 것을 의미합니다.

04: 매출을 상승시키지 못하는 SNS의 세 가지 특징

그렇다면 매출을 상승시키지 못하는 SNS는 어떨까요? 앞에서 설명한 '매출을 상승시키는 SNS의 세 가지 특징'을 반대로 뒤집으면 됩니다.

첫 번째 특징, 콘텐츠를 몰아서 올리고 발행 텀이 길다.

콘텐츠를 우르르 몰아서 방대하게 올리거나 채널을 한참 방치하다가 갑자기 콘텐츠를 올리는 경우입니다. 콘텐츠를 꾸준하게 발행하지 않으면 소비자는 해당 채널을 신뢰하지 않게 됩니다. 언제든지 콘텐츠

 잠깐만요 | 우수 SNS 채널 운영 사례 - '오늘의집'

▲ 안정적으로 공식 SNS 채널을 운영하고 있는 '오늘의집'

인테리어 제품을 판매하는 플랫폼 '오늘의집'은 팔로워 131만 명의 인스타그램 채널을 운영하고 있습니다. 22쪽에서 설명한 세 가지 포인트를 잘 지켜서 운영하고 있는 SNS 채널이죠.

이 계정을 잘 살펴보면 오랜 기간 꾸준히 정기적으로 콘텐츠를 올린다는 사실을 알 수 있습니다. 또한 이제 막 독립한 대학생, 사회 초년생, 신혼부부와 같이 명확한 주 고객층에게 도움이 되는 콘텐츠 위주로 업로드하여 좋은 반응을 얻고 있어요. '난방비를 절약하는 팁', '손상 없는 비니 세탁법', '겨울 니트 정리법'과 같은 콘텐츠가 대표적입니다.

상품을 홍보할 때도 '이 상품 좋아요!'라고 직설적으로 광고하는 방식을 사용하지 않습니다. 대신 자사의 상품을 잘 활용해 집을 꾸민 고객의 사례를 보여주면서 세련되게 구매를 유도합니다. 소비자들은 구매를 권유하는 느낌을 덜 받으면서 거부감 없이 콘텐츠를 살펴봅니다. 그러면서 자연스럽게 '나도 이렇게 꾸미고 싶다.'라는 생각을 하면서 스스로 이 제품을 구매해야 할 이유를 찾게 되는 것입니다.

운영을 그만둘 수도 있다고 생각하게 되니까요. 보통 이런 경우는 운영하는 입장에서 콘텐츠를 기획하는 단계가 빠져 있을 확률이 높습니다. 그러므로 섣불리 SNS를 시작하기보다는 안정적으로 콘텐츠를 발행할 수 있도록 기획과 스케줄을 먼저 고려해야 합니다.

두 번째 특징, 디자인에만 힘을 너무 많이 준다.

디자인이 보기 좋으면 더 눈이 가기 마련입니다. 하지만 너무 디자인에만 힘을 주다 보면 전달하려는 메시지를 놓칠 수도 있어요. 기계적으로 디자인에 신경을 써서 통일감만 맞춘다고 전부가 아닙니다. 디자인은 탄탄한 내용이 뒷받침될 때 힘을 발휘하는 것이니까요.

영상 채널도 마찬가지입니다. 화려한 배경과 장비, 현란한 편집으로 고객의 마음을 얻는 것에는 한계가 있어요. 실제 유튜브에서도 알맹이 없는 화려한 영상보다는 보기 편하고 가벼운 영상이 소비자의 선택을 받고 있습니다.

세 번째 특징, 상품 홍보만 하거나 고객의 특성을 잘 이해하지 못한다.

자신은 잘하고 있다고 생각하는데 반응이 전혀 없는 SNS를 운영하는 대부분의 사장님이 가지고 있는 문제입니다. 이 내용을 주의 깊게 봐주세요. 상품 홍보를 하면 안 된다는 말이 아닙니다. '오직' 상품 홍보만 하는 게 문제입니다.

지금이라도 제품을 판매하는 SNS 채널들을 쭉 살펴보세요. 그러면 이런 방식으로 콘텐츠를 업로드하고 있는 채널을 쉽게 발견할 수 있을 겁니다. 이러한 SNS 채널을 보면서 과연 지갑을 열고 싶은 마음이 드는지, 이 채널을 팔로우하고 싶은 마음이 드는지 스스로에게 물어보세요. 일방적으로 '우리 상품이 제일 좋으니 사세요!'라는 콘텐츠를 올리면서 'SNS 채널 운영을 잘하고 있는데 매출이 발생하지 않는다.'라고 답답해하는 일은 이제 없기를 바랍니다.

# SUMMARY

'광고에 의존하지 않기 위해서 SNS 채널을 운영한다.'

이런 생각은 합리적입니다. 하지만 'SNS 마케팅'이라는 단어에 꽂히면 매출에 별로 도움이 되지 않는 형식적인 채널 운영에만 신경 쓰게 됩니다. 아마도 이제까지의 설명을 통해 꽤 많은 시행착오를 줄이게 되었을 거예요.

SNS 채널 운영의 본질은 소비자의 신뢰를 얻는 것이고 더 나아가 그들의 마음을 얻는 것입니다. 이 과정에서 필요한 손쉬운 툴로 SNS를 선택하는 것뿐입니다. SNS 채널을 바라보는 관점을 확장하고 본질에 집중한다면 어떤 채널을 선택하든지, 또 어떤 운영 방식을 선택하든지 매출로 직결되는 효과를 누릴 수 있을 것입니다.

SNS는 분명히 효율적인 툴입니다. 이렇게 효율적인 툴을 활용하는 과정에서 사람의 실수를 줄이고 의존도를 낮추기 위해 꼭 필요한 기술적인 요소들을 이 책에서는 '자동화 마케팅'이라는 이름으로 정의하고 배워나갈 예정입니다.

소자본 기업이 비용을 아끼면서 수익을 올리는 방법

01 : 소자본 기업의 성장 한계

아마 이 책을 읽고 있는 분들은 대부분 소자본으로 운영되는 기업의 대표 혹은 마케팅 담당자이거나, 그런 방향을 꿈꾸고 있는 분일 겁니다. 사업을 본격적으로 시작하기 전에는 사업이 단순하다고 생각했습니다. 고객에게 상품을 판매하고 돈을 받으면 끝나는 것인 줄 알았으니까요. 고객 입장에서는 돈을 주고 상품을 받으면 그만이니 사업주도 마찬가지일 것이라고 생각했어요.

하지만 사업을 막상 시작해 보니 생각과는 달리 전혀 단순하지 않았습니다. 이 책을 읽고 있는 분들이 아주 작은 규모라도 사업을 직접 해 보셨다면 이 말을 더 쉽게 이해할 것입니다. 상품 판매나 고객 응대뿐만 아니라 상품 제작과 사입(仕入), 유통, 고객을 모으기 위한 마케팅, 브랜딩, 매장 관리, 직원 관리, 세무·회계 등 업종에 따라 세부 사항은 다르겠지만 해야 할 일이 정말 많습니다. 각 업무에 필요한 시간적, 경제적 비용도 상당하고요.

자본이 풍부하다면 인력을 충분히 고용하여 각 업무에 배치하면서 사업을 키울 수 있겠지만, 소자본 기업은 그렇게 할 수 없습니다. 자본과 인력이 한정되어 있으므로 전략을 짜서 효율적으로 비용을 배분해야 합니다. '어디든 투자해 두면 나중에 어떤 식으로든지 돌아오겠지.'라는 생각으로 돈을 쓰면 성과는 성과대로 나지 않고 왜 성과가 나지 않는지 파악하기도 쉽지 않게 됩니다.

02: 전략적, 효율적으로 수익을 높이는 세 가지 방법

그렇다면 어떻게 해야 전략적, 효율적으로 수익을 높일 수 있을까요? 직접 소자본 사업을 해 보았고 실제로 사업을 하고 있는 주변 지인들을 도우면서 깨달은 효율적인 방법을 세 가지로 정리해 보았습니다.

첫 번째 방법, 꼭 써야 하는 돈인지 체크한다.

처음 사업을 시작하면 무엇이 정말 필요하고, 필요하지 않은지 잘 모릅니다. 보통은 주변에서 중요하다고 말하는 것을 일단 갖춰 놓습니다. 실제로 필자는 사업을 더 잘하기 위해서 마케팅 교육을 듣고 곧바로 돈을 들여 인테리어를 바꾸기도 했고, 고객 한 명 한 명의 취향을 맞추려고 인력과 시간이 많이 들어가는 교육 서비스를 기획하기도 했습니다. '투자한 만큼 돌아온다.'라는 생각에서 한 행동이었지만, 비용을 과다하게 지불했던 것이죠. 결과적으로 매출은 발생했지만 적자를 보았어요.

이렇게 적자를 보면서 주변에서 중요하다고 하는 것들을 모두 갖출 필요가 없다는 사실을 깨닫게 되었습니다. 우선순위를 정해서 '정말로 지금 당장 돈을 투자해야 하는 것인지' 체크하는 습관부터 길러야 합니다.

두 번째 방법, 자연적으로 반응이 좋은 콘텐츠에 광고비를 사용한다.

내 콘텐츠를 광고하면 광고를 하지 않을 때보다 더 많은 사람에게 노출됩니다. 광고를 많이 할수록 내 콘텐츠가 많은 사람에게 도달할 수 있죠. 하지만 소자본 기업은 한정된 예산 안에서 최대 반응을 이끌어 내야 하므로 아무 콘텐츠에나 광고비를 쓰면 안 됩니다. 즉, 발행한 콘텐츠 중에서도 '반응이 좋은 콘텐츠'에 광고비를 써야 합니다. 여기서 말하는 반응이 좋은 콘텐츠란, 댓글뿐만 아니라 '좋아요', '공유' 횟수

등을 통해서 자연적으로 바이럴 되는 콘텐츠를 말합니다. 예를 들어, 인스타그램의 게시물 중에서 '좋아요', '저장', '공유' 등이 많은 콘텐츠에 광고비를 투자하는 것이죠. 돈을 쓰지 않아도 반응이 생기는 검증된 콘텐츠이므로 같은 금액으로 광고했을 때 훨씬 더 높은 광고 성과를 기대할 수 있습니다.

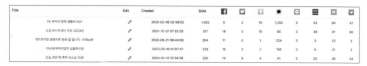

▲ '좋아요', '저장', '공유' 횟수가 많은 콘텐츠

세 번째 방법, 꼭 사람이 필요한 일인지 체크하고 반복 업무는 툴로 대체한다.

텍스트로 된 대본을 입력하면 이것으로 영상이 만들어지고 자동으로 음성 내레이션까지 생성된다고 생각해 보세요. 영상을 무척 편리하게 만들 수 있겠죠? 미래 기술이냐고요? 아닙니다. 해외에서는 이미 수년 전부터 콘텐츠 크리에이터들이 이러한 자동화 프로그램을 이용해서 손쉽게 영상을 만들어왔어요. 국내에서도 최근 몇 년 사이에 비슷한 프로그램들이 계속 개발되고 있습니다. 이제 간단한 영상을 만든다면 굳이 사람을 고용할 필요가 없어진 것입니다.

💡 **comment** 국내 영상 제작 프로그램으로는 타입캐스트(Typecast), 온에어 스튜디오 (OnAir Studio), 브루(Vrew), 비디오스튜(Videostew) 등이 서비스 중입니다.

▲ 클릭 몇 번으로 숏폼 영상을 제작할 수 있는 툴, 비디오스튜

▲ 인공지능을 활용한 음성 & 영상 콘텐츠 제작 툴, 타입캐스트

콘텐츠 제작뿐만 아니라 챗봇으로 실시간 고객 응대를 해결할 수 있어요. 또한 자동화 툴을 이용해 미리 세팅만 해 놓으면 상품을 구매한 고객에게 상품에 대한 추가 정보를 안내하는 메일이나 문자를 원하는 시간에 보낼 수도 있습니다.

잠깐만요 | 한정된 자원을 효율적으로 활용하는 브랜드, 세터(SATUR)

소자본 기업은 한정된 자원을 어떻게 효율적으로 활용할 것인가를 끊임없이 고민해야 합니다. 그런데 이런 고민을 많이 한 흔적이 보이는 기업이 있어요. 바로 '세터(SATUR)'라는 의류 브랜드입니다. 이 브랜드는 창업 2년 만에 100억 원대 매출을 달성할 만큼 빠르게 성장했습니다. 이만큼 급속도로 성장한 데는 여러 가지 이유가 있지만, 그중에서 세 가지 성공 포인트만 간략하게 설명할게요.

▲ 세터의 무신사 후기

포인트 ❶ 신규 고객을 늘리는 것보다 재구매율을 올리는 데 더 집중했다.
새로운 고객이 제품을 구매할 확률보다 한 번 제품을 구매해 본 고객이 또 다른 제품을 다시 구매할 확률이 훨씬 높다는 것을 파악했기 때문입니다.

포인트 ❷ 제품 구매 후 후기를 남긴 고객에게 먼저 찾아가서 댓글을 달았다.
고객 입장에서는 내가 제품을 구매한 브랜드에서 직접 댓글을 달아주었으니 감동을 받습니다. 이렇게 감동을 받은 고객은 다음에 또 그 브랜드가 생각나서 다시 구매하게 됩니다.

포인트 ❸ 사업 초반에는 광고 집행보다 한 명 한 명의 고객에게 직접 접근해 판매하는 데 집중했다.
처음부터 광고를 돌리면 효율성이 떨어지고 비용도 많이 들어서 브랜드가 지속되기 어렵다고 판단했습니다. 그래서 이러한 비용을 아끼는 대신, 고객에게 직접 판매하는 데 먼저 집중했습니다.

이런 과정을 통해서 세터는 광고비를 절약하면서도 고객이 새로운 고객을 데려오고 고객이 대신 홍보해 주는 브랜드가 되었습니다. 따라서 세터의 급성장은 고정비 지출을 줄이면서도 고객 만족도와 수익률을 함께 높인 성공적인 사례라고 볼 수 있습니다.

이러한 자동화 툴은 무료로 이용할 수 있지만, 더 많은 기능을 이용하려면 비용을 지불하여 유료 플랜에 가입해야 합니다. 추가 비용을 지불해야 해서 부담스러울 수도 있지만, 유료 자동화 툴을 여러 개 사용해도 인력 한 명을 고용하는 것보다 훨씬 저렴하다는 것을 기억하면 마음이 좀 더 가벼워질 것입니다. 반드시 사람이 해야 하는 일이 아닌, 기계적으로 반복하는 일은 자동화 툴을 이용해서 효율적으로 관리할 수 있다는 사실을 꼭 기억해 주세요.

SUMMARY

소자본으로 사업체를 운영한다면 매출도 중요하지만 결국 이익이 발생하는 것이 가장 중요합니다. 매달 돈을 벌 수 있어야 월세를 내고, 직원 월급을 주며, 재투자를 할 수 있으니까요. 이렇게 하려면 사업 초기부터 광고비를 비롯한 지출에 대해 '꼭 필요한 지출인지' 체크하는 습관을 가져야 합니다. 하지만 처음부터 이런 생각을 하면서 사업을 운영하는 것은 참 어렵습니다. 보통 고정비 지출이 많아서 힘들어하고 고정비를 절감하기 위해 이런저런 공부를 하다가 자동화 마케팅까지 관심을 가지게 됩니다.

이 책에서 설명하는 다양한 자동화 마케팅 방식을 탑재하면 고정비를 줄이면서도 잠재 고객에게 더욱 잘 도달하는 사업 구조를 만들 수 있습니다. 이것과 관련된 내용은 이후 이메일 자동화와 SEO(Search Engine Optimization, 검색엔진 최적화)를 설명하며 좀 더 자세히 다루겠습니다.

생존을 위해 선택한 자동화 마케팅

01 : 자동화 마케팅을 선택할 수밖에 없었던 이유

'생존을 위해서 선택했다.'는 말이 조금 격하게 들릴 수도 있을 것입니다. 하지만 실제로 자동화 마케팅을 공부하고 이것에 파고들게 된 이유는, 거창한 사명감 때문이 아니라 사업을 운영하면서 겪었던 어려움을 해결하기 위해서였습니다. 비용과 인력은 한정되어 있는데 감당해야 할 일은 그보다 훨씬 많았으니까요.

이 부분에 대한 이해를 돕기 위해 사업체가 고객에게 도달할 수 있는 효율적인 전략을 고민하는 것보다 광고에만 의존하는 것이 사업을 지속하는 데 훨씬 불리한 이유를 계속 설명했습니다. 이번 파트를 마무리하기 전에 이 내용을 다시 한번 가볍게 짚고 넘어가 보겠습니다.

- 첫 번째, 소비자들의 개인 정보 보호 인식이 높아지고, 타깃 광고 대상이 되는 것 자체를 거부하고 있으며, 과대 광고 및 허위 광고로 인해 광고 자체의 신뢰도가 떨어지고 있다.
- 두 번째, SNS를 활용해도 내 서비스 및 내 제품과 결이 맞는 고객층을 제대로 알고 접근하지 않으면 오히려 인력과 비용만 낭비할 수 있다.
- 세 번째, 소자본으로 시작하는 사업체라면 잠재 고객에게 광고가 충분히 도달할 때까지 비용을 지출하면서 버티기 어렵다.

아마 이쯤에서 또 한 번, '그러면 도대체 어쩌라는 거야?'라는 생각이 들 수도 있을 거예요. 하지만 이제부터 본격적으로 풀어나갈 '자동화 마케팅'이 바로 그 대안이 될 수 있습니다.

사실 대부분의 사람에게 '자동화 마케팅'이라는 개념이 낯설 것입니다. 해외에서는 자동화 마케팅에 대한 연구가 활발하게 진행중이고 이 분야만 별도로 다루는 마케터들이 존재할 정도입니다. 반면 국내에서는 아직까지 자동화 마케팅이 콘텐츠 마케팅이나 그로스(growth) 마케팅의 일부로 여겨지고 있습니다. 그렇지만 머지않아 국내에서도 자동화 마케팅이 널리 쓰이게 될 것이라고 예상합니다. 해외의 수많은 기업도 비슷한 어려움을 겪었고 이것을 해결하기 위한 방법으로 자동화 마케팅이 등장한 것이니까요.

02: 고객의 만족도는 높이고 사장님의 수고는 덜어주는 자동화 마케팅

'자동화'라고 하면 공장 같은 곳에서 기계를 돌리는 이미지가 떠오르기도 하고 전문 인력을 고용해 프로그램이나 앱을 만드는 이미지가 떠오를 거예요. 현실과는 상당히 동떨어진 느낌이지만, 너무 걱정하지 마세요. 코딩을 전혀 할 줄 몰라도 각 사업체에 맞는 자동화를 실현할 수 있게 만들어 주는 프로그램들이 이미 많이 개발되어 있습니다.

예를 들어, 상품을 구매한 고객에게 자동으로 상품 사용법에 대한 문자나 이메일을 발송할 수 있다면 어떨까요? 사장님 입장에서는 번거로운 절차 없이 고객을 관리할 수 있겠죠? 이런 기능은 비교적 간단한 자동화 프로그램을 이용해서 구현할 수 있습니다. 고객 입장에서도 당연히 만족도가 높아질 수밖에 없습니다. 구매한 후 '잘 산 걸까?', '상품을 제대로 받을 수 있을까?'와 같은 걱정을 하기 전에 이미 안내를 받게 되니까요.

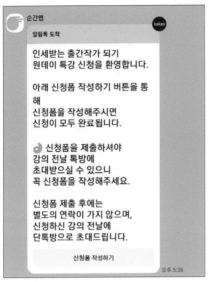

▲ 상품을 구매하면 자동으로 발송되는 카카오톡 메시지

이와 같이 다양한 툴을 활용해서 반복적인 작업을 자동화하면 사장님은 불필요한 비용과 시간을 절약할 수 있어서 상품의 퀄리티나 서비스 등 고객의 만족도를 올리는 데 신경을 더 많이 쓸 수 있습니다. 고객은 이전보다 더 세밀하게 케어를 받는다고 느끼면서 한층 더 퀄리티가 높은 상품과 서비스를 받을 수 있게 되는 것이죠.

03 : 자동화 마케팅을 익히는 데 100배 유용한 이야기

저희는 이러한 자동화 마케팅의 형태를 국내에서도 실제로 구현할 수 있는지 테스트하기 위해 돈과 시간을 많이 들여 계속 실험해 왔습니다. 그리고 실험을 통해 알게 된 내용을 바탕으로 국내 사업자들에게 최적화된 자동화 마케팅 툴과 프로세스, 접근법 등을 이 책에서 최대한 다뤄보려고 합니다.

이 책을 끝까지 다 읽고 난 후에는 여러분도 사업을 좀 더 효율적으로 운영할 수 있는 '자동화'에 대한 아이디어를 많이 떠올리게 될 겁니다. 이때 다음 한 가지 문장을 마음속에 새기면 훨씬 더 많은 것을 얻어갈 수 있으니 꼭 기억하세요.

시행착오를 얼마든지 겪을 수 있다는 사실을 인정한다.

이 책에서 안내하는 내용은 저희가 각각 10년, 6년 이상 사업체를 운영하면서 경험한 자동화 마케팅 노하우를 응축해 놓은 것입니다. 과정이 아니라 결과를 공유하는 것이므로 자칫 독자 여러분이 아주 단기간에 시행착오 없이 모든 프로세스 세팅이 가능하다고 착각할까 봐 염려됩니다.

지금까지 사업을 해오면서, 시행착오 없이 무언가를 하려고 했을 때 오히려 더 많은 시행착오를 겪게 된다는 사실을 배웠습니다. 리스크를 피하는 방향으로 행동하다 보니 다양한 가능성을 보지 못할 때가 많았거든요. 오히려 크고 작은 시행착오가 있을 것이라는 사실을 염두에 두었을 때 더 많이 성장할 수 있었습니다. 그렇기 때문에 저희는 이 책에서 '이렇게만 하면 모든 것이 다 해결된다.'라는 식으로 노하우를 전달하지 않으려고 합니다. 그러니 독자 여러분도 그렇게 받아들이지 않기를 바랍니다. 그럼에도 불구하고 저희가 겪을 수밖에 없었던 시행착오보다는 조금 덜 아프고, 저희가 들인 시간과 비용보다는 적은 리스크를 안으면서 성장할 수 있도록 내용을 채웠습니다.

'자동화 마케팅'이라는 방향으로 충분히 시간을 투자해도 괜찮겠다는 안심과 확신을 얻고 때때로 벽에 부딪혔을 때는 비슷한 문제를 고민하는 사람들이 존재한다는 사실을 위안으로 삼기를 바랍니다. 그렇게 된다면 자동화 마케팅 공부가 훨씬 더 즐거워질 것입니다.

PART 2

소규모 비즈니스에 최적화된 자동화 마케팅 툴

자동화에 최적화된 툴, 이메일

01 : "요즘 누가 이메일을 쓰나요?"

얼마 전 한 업체와 컨설팅 미팅을 하다가 듣게 된 말입니다. 이 책을 읽고 있는 독자 여러분 중에서도 비슷한 생각을 하는 사람들이 많을 것입니다. 인스타그램 DM, 카카오톡, 디스코드 등 실시간으로 소통할 수 있는 툴들을 널리 사용하고 있는 요즘, 이메일은 왠지 모르게 낡고 오래된 느낌을 주니까요.

국내 기준 이메일 서비스가 상용화된 지 25년이 넘었고, 국민 대다수가 이메일 주소 하나쯤은 가지고 있다는 사실을 생각해 보면 이렇게 생각하는 것이 자연스러울 수도 있습니다. 하지만 오히려 그렇기 때문에 이메일은 마케팅 툴로써 더욱 매력적입니다. 실제로 해외에서는 이메일이 마케팅 수단으로 굉장히 널리 쓰이고 있습니다. 또한 최근에는 국내에서도 '뉴스레터(newsletter)'라는 이름으로 이메일 마케팅이 퍼져나가고 있죠.

> 💡 **comment** 국내외 이슈 뉴스레터 서비스인 뉴닉(NEWNEEK)의 구독자는 50만 명, 경제 뉴스레터 서비스인 어피티(UPPITY)의 구독자는 25만 명이라는 사실을 아나요? 이러한 결과를 보면 이메일을 단순히 오래된 마케팅 수단이라고 생각하기에는 무리가 있어요.

이메일이 왜 자동화에 최적화된 툴인지 이야기하기 전에, 먼저 자동화가 무엇인지 짚고 넘어가 볼게요. '자동화 마케팅'이라고 하면 고객이 상품을 구매하는 과정에서 사람이 일일이 개입하지 않고 자동으로 진행되는 상황을 보통 떠올릴 것입니다. 그렇다면 고객이 어떻게 내 상품을 알고 찾아오게 만들 수 있을까요?

여기서 사용되는 것이 바로 콘텐츠(contents)입니다. 광고를 통해서도 고객을 모을 수는 있지만, 일체의 콘텐츠 없이 광고로만 고객을 설득하려면 돈이 많이 들 뿐만 아니라 효율성도 떨어집니다. 광고에 거부감을 갖는 사람들이 점점 늘어나고 있으니까요. 반대로 콘텐츠를 통해 나를 자주 만난 사람들은 실제로 한 번도 만나지 않았어도 나에게 친근감을 가지고 상품을 구매할 가능성이 높습니다.

보통 '콘텐츠'라고 하면 유튜브나 인스타그램을 먼저 떠올릴 겁니다. 이러한 채널을 통해서도 고객과 만날 수 있지만, 한 가지 아쉬운 점이 있습니다. 잠재 고객이 구독이나 팔로우를 한다고 해도 그들에게 나의 콘텐츠가 100% 도달된다는 보장이 없다는 점입니다. 하루에도 수십, 수백 개의 콘텐츠가 올라오는데, 그 사이에서 내 콘텐츠가 눈에 띄기를 바랄 수밖에 없죠.

이메일은 이러한 아쉬운 점까지 보완해 주는 마케팅 툴입니다. 고객이 이메일 받기를 신청하면 주소가 틀리지 않는 한 100% 도달할 수 있으니까요. 그렇기 때문에 이메일 구독자에게는 지속적으로 내 콘텐츠를 보내는 일이 가능하죠.

02: 이메일이 자동화 구현에 최적화 툴인 세 가지 이유

앞에서 이야기한 장점뿐만 아니라 이메일이 자동화 구현에 최적화되어 있는 이유는 세 가지 더 있습니다. 그 이유를 차례대로 살펴볼까요?

첫 번째 이유, 개인 맞춤형으로 이메일 내용을 작성할 수 있다.

인스타그램이나 페이스북에서 '92년생 서울 사는 남성분을 찾습니다!' 와 같이 현재 나의 상황에 딱 맞는 광고를 본 적이 있을 거예요. 이런 광고의 장점은 보는 사람에게 '이거 내 이야기인가?'라는 생각이 들게 끔 해서 주목을 집중시키고 클릭을 유도할 수 있다는 것입니다.

이메일은 여기에서 한 걸음 더 나아가, 구독자가 입력한 내용을 바탕으로 이메일 제목과 내용에 구독자의 이름이나 정보를 언급할 수 있습니다. 즉, 누구나 받는 이메일이 아니라 '나'라는 개인에게 보낸 특별한 이메일이라는 느낌을 줄 수 있어요.

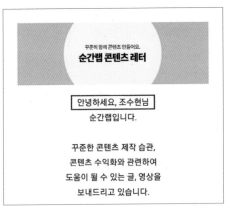

▲ 내용에 구독자의 이름을 넣은 뉴스레터

두 번째 이유, 자동으로 이메일을 보낼 수 있다.

구독자가 신청 폼에 이름과 이메일을 입력하면 자동으로 환영 메일이 발송되거나, 특정 메일이 발송된 후 며칠이 지나고 또 다른 메일이 발송되게 설정할 수 있습니다. 심지어 특정 페이지에 여러 번 방문하면 메일이 발송되거나, 메일을 확인하지 않으면 리마인드 메일을 자동으로 발송하여 메일 오픈율을 끌어올리는 것도 세팅할 수 있죠. 굳이 코딩이나 프로그램을 개발하지 않아도 이미 이런 기능을 잘 구현한 서비스가 많으므로 여러 사람의 손을 거칠 필요가 없습니다.

세 번째 이유, 상대적으로 저렴한 비용으로 이용할 수 있다.

인스타그램이나 유튜브, 페이스북 광고를 이용해서 일정 수의 잠재 고객에게 상품을 도달하게 하려면 광고할 때마다 비용이 발생합니다. 또한 도달한다고 해도 고객은 얼마든지 광고를 무시할 수 있고요.

이메일은 어떤 서비스인지, 구독자 수가 몇 명인지에 따라 다르지만, 월 1만 원 미만으로도 시작할 수 있어요.

💡 **comment** 고객이 직접 이메일을 지우기 전까지는 이메일 수신함에 계속 남아 있다는 장점도 있죠.

SUMMARY

이메일 하나만 다룰 수 있어도 자동화에 훨씬 쉽게 접근할 수 있습니다. 만약 이메일에 대한 오해가 있었다면 이번 섹션을 통해 풀기를 바랍니다. 실제로 이메일을 이용해서 어떻게 자동화를 구현할 수 있는지에 대해서는 뒤에서 좀 더 설명할게요.

지금 읽은 내용을 통해 이전에 이메일을 바라보던 관점과 분명히 달라진 부분이 있을 겁니다. 생각보다 이메일의 다양한 이점과 강력함을 모르고 사업을 하는 사람들이 많아요. 하지만 지금이라도 이메일에 대한 관점이 달라졌다면 경쟁자는 모르는, 사업을 하는 데 있어 강력한 툴을 활용할 준비가 된 것입니다.

자, 이제 이메일을 활용해서 자동화를 구현해 보려는 마음이 생겼나요? 그렇다면 계속 집중해서 이 책을 읽어주세요.

Section 02

SNS 채널에 상관없이
검색 노출에 유리한 포지션 되는 방법

01 : 돈 주고 배운 기술로 돈을 벌지 못하는 이유

> "섬네일이 가장 중요합니다."
> "사람들의 시선을 붙잡을 수 있는 제목을 쓰세요."
> "콘텐츠 체류 시간을 늘리기 위한 방법을 활용하세요."

유튜브, 블로그, 인스타그램 등 SNS 마케팅 교육에 한 번이라도 참여했다면 이런 이야기를 들어보았을 거예요. 수많은 교육 과정에서 공통으로 다룬다는 것은 그만큼 이런 기술적인 요소들이 중요하다는 의미입니다. 하지만 교육을 들을 때는 고개를 끄덕여도 막상 실제로 구현하는 과정에서는 수많은 어려움을 만납니다. 고심해서 섬네일을 만들었는데 사람들이 별 반응을 하지 않을 수도 있어요. 또는 제목에 들어간 과도한 후킹 요소 때문에 실제 내용과는 괴리감이 생겨서 콘텐츠를 보러 들어왔던 사람들이 많이 이탈하는 문제가 발생할 수도 있죠.

돈을 들여 마케팅을 공부했지만 정작 실전에 활용하지 못하는 이유는 간단합니다. 마케팅의 본질보다 기술을 먼저 배웠기 때문입니다. 본질적인 부분을 먼저 생각하고 기술을 익히면 생각하지 못한 난관을 만나더라도 해결법을 찾는 '고민 근육'이 생깁니다. 이 기술을 왜 써야 하는지, 어떤 상황에서 써야 하는지 근본부터 이해하고 있기 때문이죠.

> **comment**
> 마케팅에서 말하는 후킹 (hooking)이란, 보는 사람의 마음을 빼앗는 강력한 포인트를 의미합니다.

하지만 특정 상황에서만 효과가 있는 기술을 먼저 배우면 근본적인 부분의 이해가 부족할 수밖에 없습니다. 교육에서 떠먹여 주듯이 제공하는 기술을 맹목적으로 쫓아가다 보면 '이렇게 해야 한다.' 또는 '이렇게 하면 안 된다.'라는 이분법에 갇히기 쉽습니다. 문제는, 현실은 매번 이분법적으로 접근해도 될 만큼 간단하지 않고 돌발적인 상황도 자주 발생한다는 점이죠.

02: 사용자가 아닌 SNS 플랫폼 입장에서 생각해야 하는 이유

SNS를 잘 활용하고 싶다면 우선 SNS 플랫폼의 입장에서 생각하는 것이 중요합니다. 다시 말해서 SNS의 본질부터 고민하는 것이죠. 서비스를 제공하는 쪽이 원하는 것을 알아야 내가 어떤 행동을 하면 좋을지 쉽게 판단할 수 있습니다. 이것은 무엇보다 중요한 과정이지만 대부분의 사람은 이런 고민 없이 무작정 SNS를 시작합니다.

먼저 새롭게 등장한 SNS 플랫폼이 어떻게 발전해 나가는지 그 과정을 한번 떠올려 볼까요? 처음 서비스가 시작되었을 때는 사용자가 플랫폼에 올리는 콘텐츠에 관대합니다. 일단 많은 사람이 플랫폼에 들어와서 활동해야 플랫폼이 제 기능을 할 수 있으니까요. 당연히 직접적인 광고에 대해서도 제재가 덜합니다. 초기에는 유튜브도 저작권 문제나 직접적인 광고에 대해서 지금보다 훨씬 관대했어요. 그 덕분에 유튜브에는 상상도 못 할 만큼 많은 콘텐츠가 쌓였습니다.
점점 팔로워가 많은 인플루언서가 등장하기 시작하고 광고주들이 좋아하는 콘텐츠를 올리는 쪽과 그렇지 않은 쪽이 구분되기 시작합니다. 바로 이때부터 플랫폼은 콘텐츠의 품질을 관리하게 됩니다. 콘텐츠의 양이 많더라도 관리되지 않고 품질이 떨어지면 콘텐츠 소비자는 등을 돌릴 테니까요. 그래서 내용이 너무 자극적인 콘텐츠나 저작권 문제가 발생할 수 있는 콘텐츠, 직접적인 광고 콘텐츠 등을 엄격하게 관리합니다. 이미 유명해진 유튜브 같은 플랫폼은 이 과정의 마지막 단계에 있는 것이죠.

💡 **comment** 콘텐츠 소비자가 떠나면 플랫폼의 광고주들도 떠나면서 악순환이 발생합니다.

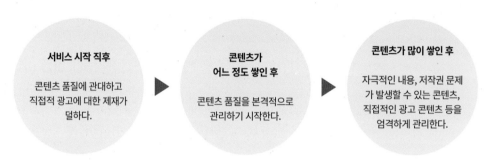

▲ SNS 플랫폼의 발전 과정

여러분이 SNS 플랫폼 운영자라면 자극적인 콘텐츠만 올리는 가짜 계정(또는 그렇게 판단되는 계정)을 활성화할까요, 아니면 실제로 활발하게 소통하면서 플랫폼의 성장에 도움을 주는 계정을 활성화할까요? 정답은 당연히 후자일 것입니다. 새로운 사용자를 불러들이면서 플랫폼이 계속 커질 수 있는 질 좋은 콘텐츠를 생산하고 소통하는 계정을 더 키워주는 것이 더욱 합리적입니다.

03 : 신뢰도 높은 SNS 계정이 되는 세 가지 방법

그렇다면 플랫폼이 성장해 나가는 데 기여하는 계정이라고 판단할 만한 요소는 무엇일까요? 지금까지 이야기한 것을 바탕으로 유추해 볼 수 있는데, 대표적으로 다음 세 가지 방법이 있습니다.

첫 번째 방법, 다른 계정과 활발하게 소통한다.

다른 계정과 활발하게 소통하는 계정은 가짜 계정이 아닐 확률이 높습니다. 이렇게 활발하게 소통하다 보면 플랫폼 안에서 다른 사용자들이 체류하는 시간을 늘려주므로 SNS 플랫폼에서 선호할 수밖에 없습니다.

두 번째 방법, 외부로부터 트래픽을 많이 유입시킨다.

외부에서 유입되는 트래픽이 많으면 플랫폼에서 직접 발행하는 광고비를 아끼는 효과가 있습니다. 경쟁 플랫폼에서 새로운 사용자를 데려오는 계정이라면 더 환영할 것입니다.

세 번째 방법, 사람들이 오래 체류하는 콘텐츠를 올린다.

사람들이 오래 체류하는 콘텐츠는 플랫폼의 질을 높입니다. 한 번 들어오기만 하면 한동안 떠나지 않고 오랫동안 머무는 플랫폼이 되기 때문이죠. 그러면 자연스럽게 광고주가 더 많이 선호하게 되어 광고비도 더 많이 받을 수 있는 기반이 됩니다.

대부분의 SNS 마케팅 교육에서 알려주는 'SNS 채널 키우기 꿀팁'을 다시 한번 떠올려 보세요. 시청 지속 시간을 늘리는 전략을 알려주고, 다른 계정에 가서 댓글을 달게 하며, 외부 공유를 적극적으로 권장합니다.

왜 이런 가이드가 나왔는지 이제 이해가 되나요? 플랫폼에 도움이 되는 행동을 해야 플랫폼에서도 해당 계정을 적극적으로 띄워줍니다. 그렇기 때문에 교육에서 알려주는 방식 외에도 플랫폼에 기여하는 활동이라면 얼마든지 시도해 볼 수 있습니다. 이와 같이 본질을 알게 되면 응용할 수 있게 됩니다. 똑같은 교육을 받고 똑같이 대응하는 경쟁자들과는 차별화된 접근을 할 수 있는 것이죠.

04: 플랫폼 유지에 유용한 콘텐츠 만들기

신뢰도 높은 SNS 계정이 되는 방법을 알았으니 이제 이것을 현실화해 볼까요? '플랫폼 유지에 도움이 되는 콘텐츠'를 직접 만들어 볼 차례입니다. 우선 콘텐츠를 제작하기 전에 꼭 알아야 하는 두 가지 전략을 소개해 볼게요.

첫 번째 전략, 온페이지로 승부 보기

콘텐츠에 과도한 후킹을 담거나, 시간과 비용을 갈아 넣는 콘텐츠를 만들거나, AI 툴을 사용해서 양으로 승부하면서 운에 의존하는 방식이 등장하고 있습니다. 이런 접근은 오로지 내용적인 측면, 즉 온페이지(on-page)로 승부를 보는 전략입니다. 대부분의 SNS 마케팅 교육에서는 이러한 기술을 알려줍니다. 그리고 모두가 이 기술을 똑같이 적용하고 비슷비슷한 콘텐츠를 양산하고 있습니다. 결국 어느 누구도 경쟁력을 갖추기 힘들어지는 것이죠.

이것이 바로 본질을 배우지 않고 기술로 접근했을 때 생기는 한계입니다. 내용적인 부분으로는 차별화하기 어렵습니다. 이런 경우에는 한 차원 더 나아간 다른 접근법을 떠올려야 합니다. 이때 본질에 대한 이해가 바탕이 됩니다.

> **comment**
> 온페이지(on-page)는 플랫폼의 내부적인 요인을 말합니다. 따라서 '온페이지로 승부를 보는 전략'이란, 일반적으로 해당 플랫폼 안에서 '눈에 띄는 콘텐츠'를 만들어서 상위 노출을 목적으로 하는 전략을 의미합니다.

두 번째 전략, 오프페이지 접근으로 관계성 구축하기

외부 유입을 늘리고 체류율을 높이면서 소통하는 콘텐츠가 되려면 콘텐츠의 내용 외에 정말 중요한 요소가 또 있습니다. 바로 '관계성'입니다. 관계성은 오프페이지(off-page) 접근을 통해 구축할 수 있습니다. 내 콘텐츠를 더 오래 볼 것 같은 사람, 내 콘텐츠에 댓글을 더 달 것 같은 사람, 내 콘텐츠를 더 공유할 것 같은 사람에게 더 잘 도달하게끔 한다면 콘텐츠의 질을 뛰어넘을 만큼 높은 기여도를 만들 수 있죠.

> **comment**
> 오프페이지(off-page)는 플랫폼의 외부적 요인을 말합니다. 따라서 '오프페이지 접근'이란, 플랫폼 외부에 콘텐츠 링크를 공유하는 방식 등으로 내 콘텐츠를 선호할 만한 트래픽을 끌어오는 것을 의미합니다.

▲ 이메일을 활용한 오프페이지(off-page) 전략 — 뷰티 앱 '화해' 뉴스레터

이러한 오프페이지 접근을 위한 수단으로 이메일을 추천합니다. 아직까지 국내에서는 이메일을 단순한 '뉴스레터' 용도로만 활용하고 저평가하는 부분이 있습니다. 하지만 오래전부터 저희는 이메일의 중요성을 강조했고 이메일을 기반으로 사업을 키웠습니다. 그리고 인플루언서들이 자신의 채널에서 영향력을 더욱 키우고 싶어 할 때 이메일을 접목해서 시너지 효과를 내고 매출을 증대하는 데 기여해 왔습니다. 그러므로 지금이라도 이메일의 무궁무진한 가능성을 이해하고 활용법을 익힌다면 경쟁자들보다 불필요한 노력을 줄이면서도 드라마틱하게 성과를 높일 수 있을 것입니다.

이메일을 활용한 오프페이지 전략

특정 분야에 대한 유용한 정보를 지속적으로 발행하고, 이메일 구독자들을 모으며, 이 구독자들에게 새롭게 발행한 콘텐츠의 링크가 포함된 메일을 보낸다면 어떻게 될까요? 이메일 구독자들은 우리가 보내는 정보를 '도움이 되는 정보'라고 인식하고 있어서 해당 링크를 클릭할 확률이 높습니다. 또한 그 내용을 보려고 접속한 것이어서 콘텐츠에 더 오랫동안 머무를 뿐만 아니라 도움을 받았다고 생각해 '좋아요' 나 '공감' 버튼을 누르거나 댓글을 달 확률도 더 높습니다. 비록 소수일지라도 플랫폼은 이러한 반응을 그냥 지나치지 않습니다. 1~2% 정도의 수치만 차이 나도 내 계정이 플랫폼에 더 기여한다고 충분히 어필할 수 있습니다.

SUMMARY

이메일에 대한 관점을 조금만 바꾸면 훨씬 효율적인 툴로 활용할 수 있습니다. 기존과 거의 비슷한 시간을 들이고 노력했어도 내 채널에 외부 유입 트래픽이 더 많아지고, 댓글도 더 많이 달리며, 사람들이 더 오래 체류하게 되는 것입니다.

이게 전부일까요? 그렇지 않습니다. 본질에 대해 이해하고 있으면 SNS 마케팅 교육에서 알려주는 한정적이고 기술적인 접근 외에도 무궁무진하게 활용할 수 있어요. 물론 이렇게 되기까지 시간이 필요하고 당장 성과가 나지 않을 수도 있습니다. 하지만 본질에 대해 이해하고 있다면 이 방향성을 지속하는 동기도 계속 부여할 수 있습니다.

쉽고 빠르기만 한 기술적인 요인에 매몰되어 있다는 사실을 인지했다면 생각의 프레임을 확장해야 합니다. 기술적인 요소만 배운다면 매번 치열한 경쟁에 뛰어들어서 방향을 잃고 동기 부여까지 잊은 채 자신을 갈아 넣게 되는 것입니다.

광고로는 할 수 없는 모든 채널에 선순환 만들기

01 : 계속 광고비를 지출해야 하는 악순환에 빠지는 이유

인스타그램과 블로그, 홈페이지 등에 콘텐츠를 올리고 고객을 응대하는 채널은 여러 개 갖고 있지만 제대로 활용하지 못하고 있다면 이번 내용을 잘 읽어보세요. PART 1에서는 광고비에 의존하는 것이 장기적인 관점에서 왜 위험한지 설명했습니다. 늘어나는 광고비 때문에 경제적인 부담이 커지는 것도 문제이지만, 더 큰 문제는 광고에만 의존하면 이용 중인 채널 간에 선순환 고리를 만들기 어렵다는 것입니다. 선순환 고리를 만들지 못하면 고객을 늘리기 위해 결국 또다시 광고비를 지출해야만 하는 악순환을 겪게 되죠.

> 💡 comment 다시 한번 강조하지만, 광고가 나쁘다거나 절대로 광고를 하면 안 된다고 설명하는 것이 아닙니다. 광고를 잘 활용하여 채널들을 서로 유기적으로 연결할 수 있다면 당연히 좋습니다. 하지만 이 부분을 생각하지 않고 무작정 광고에만 의존한다면 지속적으로 성장하기 어렵다는 뜻입니다.

광고는 시작하는 그 순간부터 돈이 나갑니다. 광고 소재를 대신 만들어 주는 업체에 맡긴다면 더 많은 돈을 쓰고 시작하게 되죠. 그래서 광고는 만들 때부터 과한 욕심이 들어가게 됩니다. 광고비를 쓴 것 이상으로 매출이 나와야 한다는 압박감이 생기니까요. 이러한 욕심 때문에 일반적인 글보다 훨씬 더 자극적이고 과장된 광고 문구를 사용하는 경우가 많습니다. 사람들은 광고인 것을 알면서도 눈을 사로잡는 그 문구를 클릭합니다. 그리고 바로 이때 '이탈률(bounce rate)' 문제가 발

> 🔍 comment
> 이탈률이란, 특정 웹페이지에 접속한 후 다른 행동을 하지 않고 해당 페이지를 바로 벗어나는 사용자 비율을 의미합니다.

생합니다.

광고를 통해 사이트에 처음 접속한 사람들은 당연히 이 사이트에 큰 관심이나 친밀감이 없습니다. 조금만 불편하거나 이상하다고 느끼면 곧바로 해당 페이지를 벗어나죠. 수천 명, 수만 명이 들어오는 페이지라도 들어오자마자 또는 몇 초 안에 사람들이 벗어난다면 당연히 좋은 평가를 받을 수 없습니다.

이렇게 이탈률이 높아지면 검색 플랫폼에서는 해당 페이지를 신뢰도가 낮고 품질이 좋지 않은 페이지라고 판단합니다. 품질 낮은 페이지를 상단에 올려주는 플랫폼은 없으니 결국 광고가 아니면 사람들 눈에 띌 수 없는 페이지가 되고 말죠. 이것이 바로 광고비 지출의 대표적인 악순환입니다.

02: 악순환이 아닌 선순환으로 가기 위한 세 가지 방법

그렇다면 어떻게 해야 악순환에서 벗어나 선순환으로 접어들 수 있을까요?

첫 번째 방법, 이메일을 통해 유효 구독자를 만든다.

우선 내 상품을 진심으로 좋아하고 필요로 하는 사람들이 내 채널에 찾아올 수 있도록 만드는 것이 가장 중요합니다. 이 사람들은 내 상품에 대한 신뢰도가 높으므로 채널에서 바로 이탈하지 않고 콘텐츠를 꼼꼼히 살펴볼 확률이 높습니다. 그러면 좋은 트래픽이 발생하는 것이죠.

좋은 트래픽이 계속 쌓이면 검색 플랫폼에서는 해당 페이지를 품질이 높은 페이지로 판단하고 검색 결과 페이지의 상단에 올려주려고 합니다. 이전과는 정반대의 상황이 되는 것이죠. 일반적인 광고를 통해서만 유입을 만들어 낸다면 이러한 선순환 구조를 완성하기가 정말 어렵습니다. 이러한 선순환의 시작점을 만드는 작업에 이메일이 결정적인 역할을 합니다. 내 상품과 서비스에 관심 있는 사람들을 SNS 채널로 유도할 수 있기 때문입니다.

보통 홈페이지에 접속한 사람들은 원하는 정보를 다 얻고 나면 창을 닫습니다. 하지만 '이 주제에 관해 도움이 되는 정보를 계속 얻고 싶으면 이메일 주소를 입력하세요.'라고 적힌 팝업 창이 나온다면 어떨까요? 정보를 계속 얻고 싶은 사람은 이메일 주소를 입력할 것입니다. 이 사람들이 바로 이메일 구독자가 되는 것이고요.

이메일 구독자에게 내가 새롭게 올린 콘텐츠를 보낸다면 어떻게 될까요? 이메일을 통해 들어온 사람들은 그만큼 오래 페이지에 머물게 될 것입니다. 원래 관심이 있었던 주제일 뿐만 아니라 도움이 되는 정보를 계속 얻기 위해 기꺼이 이메일 주소까지 입력했던 사람들이니까요. 소수라도 상관없습니다. 48쪽에서 이야기했듯이 1~2% 차이로도 경쟁자들과 차별화될 수 있습니다.

두 번째 방법, 꾸준히 시간을 투자한다.

시간이 지나면서 구독자가 점점 늘어나면 이 격차는 점점 더 벌어지게 되고 내 채널이나 홈페이지는 플랫폼이나 검색 포털에서 높은 신뢰도를 획득할 수 있게 됩니다. 여기서 포인트는 꾸준히, 그리고 오랜 시간 이 과정을 지속해야 한다는 점입니다.

누가 자신의 구독자를 위해서 더 오랜 시간을 견뎌낼까요? 내 사업과 아이템에 진심인 사람들만 그 시간을 투자합니다. 돈이 많다고 해도 진심이 아니면 이 작업을 하지 않습니다. 이것은 실제로 매출 1천억 원대 회사의 컨설팅 의뢰를 받고 상담을 진행하면서 느꼈던 부분입니다.

이런 선순환을 만들 수 있는 사업체는 돈이 많은 곳도, 직원이 많은 곳도 아닙니다. 사람들에게 도움이 되는 서비스나 제품을 만든다는 자부심으로 소수에게라도 기여하고 싶은 마음을 가진 곳입니다. 자본과 인력, 기술이 부족해도 기업가 정신이 있고 고객과 상품에 대한 애정이 있는 사업체에서만 인고의 시간을 투자하여 결국에는 선순환이라는 성과를 거둬냅니다.

세 번째 방법, 고객에게 시간적 여유와 선택권을 제공한다.

마지막으로 중요한 팁을 하나 더 말씀드리겠습니다. 보통 광고를 하면 더 많은 사람에게 노출되고 클릭되어 판매 건수가 올라가게 하는 것에 집중하게 되는데, 이러한 초점을 조금 바꿔보는 것을 추천합니다. 상품의 상세 페이지를 직접 광고하는 것보다 기존에 반응이 좋았던 콘텐츠 페이지나 무료로 무엇인가를 제공하는 페이지를 광고하는 것이 선순환에 훨씬 더 도움이 됩니다. 곧바로 구매를 유도하는 것이 아니라 선택지를 주고 충분한 시간적 여유까지 제공하므로 소비자 입장에서는 안정감을 느끼고 관심을 갖게 되어 자연스럽게 다음 단계로 넘어가는 것입니다.

comment
해당 내용은 91쪽에서 좀 더 자세히 설명합니다.

물론 이 방법을 사용하면 곧바로 성과가 나지 않을 수 있습니다. 또한 광고를 이용해서 단기간에 많은 매출을 일으키는 방식이 익숙하다면 답답하게 느낄 수도 있어요. 하지만 선순환 구조에 돌입했을 때 광고비를 지출하지 않아도 지속적으로 구매 전환율이 높은 고객들이 유입되는 기쁜 상황을 맞이하게 될 것입니다.

SUMMARY
소수의 사람과 소수의 기업만이 '선순환'이라는 열매를 얻고 있습니다. 이들은 진정으로 고객의 입장을 생각하면서 콘텐츠를 생산하고 고객에게 기꺼이 선택권을 주면서 기다렸던 곳으로, 경쟁자들이 매월 수백, 수천만 원을 광고비로 쓰는 동안 광고비를 아끼면서 고객을 맞이하게 됩니다.
누가 더 오랫동안 사업을 즐기면서 지속할 수 있을지에 대한 답은 독자 여러분도 이미 알 것입니다. 그리고 이번 섹션의 내용을 쭉 읽어보면서 선순환의 열쇠가 기술과 자본, 인력이 아닌 진정성과 본질에 있다는 것에 안도하는 사람들도 있을 것이라고 생각합니다.

광고해서 날리는 돈? 광고해서 쌓이는 돈!

01 : 광고해서 날리는 돈?

앞에서 광고 집행에만 의존하는 사업 형태는 회사에 경제적인 위협을 줄 수도 있고 채널 간의 선순환을 해칠 수도 있다고 이야기했습니다. 반복해서 말하지만, 이것은 '광고를 해서는 안 된다.'라는 의미가 아닙니다. 어떻게 광고하느냐에 따라 돈을 계속 써야만 하는 구조가 될 수도 있고, 반대로 광고의 효과가 조금씩 쌓여서 나중에는 광고비를 거의 지출하지 않아도 되는 형태가 될 수도 있다는 의미입니다.

컨설팅을 하거나 프로젝트를 의뢰받다 보면 한 달에 억대로 광고비를 쓰는 회사도 종종 보게 됩니다. 이 정도 광고비를 지출한다는 것은 매출도 상당한 액수가 된다는 뜻입니다. 하지만 아무리 매출이 높아도 회사 내부에서는 마냥 웃을 수 없는 것이 현실입니다.

'광고비를 많이 쓰면 매출도 높아지니 괜찮은 거 아닌가?'라고 생각할 수도 있습니다. 이것은 절반은 맞고 절반은 틀린 생각입니다. 광고비를 많이 쓰면 대중에게 더 많이 노출되고 고객도 늘어납니다. 하지만 광고를 통해 유입되었으므로 상품이나 브랜드에 신뢰감이나 친밀감을 느끼지 못할 가능성이 높습니다. 광고를 클릭하자마자 당장 매출을 내기 위한 상품 판매 페이지로 유도되니까요.

자극적인 광고 문구에 혹해서 상품을 구매한 고객이 많아지면 어떻게 될까요? 상품을 받고 기대에 미치지 못했을 경우에는 더 큰 불만으로 되돌아옵니다. 모든 불만을 막을 수는 없지만, 자극적인 광고로 고객

comment
CS는 Customer Ser-
vice, 즉 고객 서비스를
뜻합니다.

을 단번에 설득하려고 할수록 불만 지수는 높아질 수밖에 없습니다. 이러한 불만을 해결하기 위해 CS 단계에 많은 인력을 배치하게 되고 담당 인력을 교육하는 비용을 지출하게 됩니다. 또한 높은 강도의 감정 노동으로 인해 자주 인력이 교체되므로 이를 관리하기 위한 조직도 추가로 필요해질 것입니다. 이와 같이 '광고비를 많이 써서 고객을 빠르게 설득한다.'라는 것은 단순히 매출을 올리는 효과만 있는 것이 아닙니다. 미처 생각하지 못한 수많은 문제가 파생되고 이 문제가 결국 기업의 비효율성을 만들어 냅니다.

'이 정도면 광고비를 줄이는 것이 낫지 않아?'라고 단순하게 생각할 수도 있습니다. 하지만 정말 무서운 것은, 이런 상황에서도 이미 고착화된 구조를 바꾸기가 무척 어렵다는 점입니다. 광고비를 많이 쓰고 상품을 할인해 주면 매출이 어느 정도 발생하기 때문이죠. 상품 하나당 마진은 줄어도 매출 면에서는 성과가 나오니 내부에서는 이것을 개선하려는 의지를 갖기 어렵습니다.

> 💡 comment 회사의 규모가 커질수록 직원과 고객의 수가 늘어나므로 새로운 시도를 하는 것이 점점 더 큰 리스크로 느껴질 수밖에 없습니다. 따라서 울며 겨자 먹기로 이전에 해오던 대로 비효율적인 광고비와 인건비 지출을 감당할 수밖에 없는 것이죠.

02 : 광고해서 쌓이는 돈!

그렇다고 해서 곧바로 광고 집행을 줄이는 것은 추천하지 않습니다. 극단적인 선택은 항상 위험합니다. 그러므로 광고비에 의존하는 구조를 천천히 바꿔나가는 전략이 필요합니다. 이왕이면 처음 사업을 키울 때부터 광고에 덜 의존하면서 수익을 만들어가는 방식을 익히고 그 구조가 중요하다는 인식을 가지고 있는 것이 가장 좋습니다. 그래야 사업의 규모가 커져도 무리한 지출로 인한 위기 상황을 덜 겪을 수 있기 때문입니다.

이 책에서 계속 강조하지만 콘텐츠를 기반으로 하는 자동화 시스템을 구축하여 고객들이 내 제품과 서비스를 자연스럽게 찾아오게 만들어야 합니다. 아울러 고객들이 반복해서 계속 방문하는 선순환 구조를 만들어야 합니다. 같은 일을 반복적으로 하기 전에 그 일이 효율적으로 돌아갈 수 있는 구조에 대해 고민하는 것은 당연한 일입니다.

> 💡 **comment** 무딘 도끼로 나무를 계속 찍는 것보다 당장 나무를 많이 찍지 못해도 도끼날을 날카롭게 가는 데 시간을 투자하는 것이 더 합리적입니다.

03 : 콘텐츠의 필요성을 스스로 납득해야 하는 이유

효율적인 구조를 만드는 데 콘텐츠가 필요하다는 것은 분명해 보입니다. 하지만 이런 이야기가 여전히 대부분의 사람에게는 낯설게 다가옵니다. 그렇기 때문에 단순히 좋은 콘텐츠를 만드는 일보다 더 어려운 것은 '콘텐츠가 왜 필요한지' 스스로 납득하는 것입니다.

실제로 사업체의 대표님들을 만나보면 광고비는 당연히 필요한 투자라고 생각하지만, 콘텐츠를 만드는 것은 아까운 비용이라고 생각하는 분들이 많습니다. 콘텐츠가 가져올 직접적인 성과를 상상하기 어렵고 경험한 적도 없기 때문입니다.

낯설고 납득이 되지 않더라도 광고비가 아니라 '콘텐츠'에 과감하게 비용을 투자해야 합니다. 아주 단순하게 설명하자면 잠재 고객에게 도움이 되는 콘텐츠를 만들고 그 콘텐츠를 정기적으로 받아 보는 뉴스레터 구독자를 늘려야 합니다. 이렇게 모인 구독자는 내 홈페이지를 검색 엔진의 상단에 띄우는 데 강력한 역할을 할 것입니다.

> 💡 **comment** 검색 엔진 최적화(SEO; Search Engine Optimization)를 적용하는 데 트래픽이 전부는 아닙니다. 하지만 양질의 트래픽을 통해 유입된 사람들이 게시물에 오랫동안 머무른다면 분명히 강력한 파워를 발휘할 것입니다.

동시에 구독자가 반응하는 양질의 정보성 콘텐츠가 무엇인지 체크하고 바로 이 양질의 콘텐츠로 광고를 집행하면 됩니다. 구독자가 검증한 콘텐츠이므로 자극적인 광고를 할 필요도 없고, 광고를 통해 들어온 사람들 역시 해당 콘텐츠에 매력을 느낄 가능성이 매우 높습니다.

💡 **comment** 구글 애널리틱스(Analytics)와 같은 툴을 통해 구독자의 체류 시간이나 전환 목표를 체크하면 어떤 콘텐츠가 양질의 정보인지 쉽게 파악할 수 있습니다. 이때 전환 목표란, 마케팅적으로 성과를 측정하기 위해 지정하는 고객의 특정한 행동을 말합니다. 회원 가입이나 특정 버튼 클릭, 상품 구매 등이 이러한 특정 행동에 해당됩니다.

획득한 구독 정보를 활용하여 맞춤 타깃 광고를 집행하면 효과는 더욱 좋아집니다. 콘텐츠를 본 후 곧바로 페이지를 나가지 않고 쇼핑을 위한 단계로 넘어가야 이탈률이 줄고 전환율이 높아집니다. 이렇게 유입된 고객은 일반적인 광고로 유입된 고객에 비해 상품에 대한 이해도가 비교가 되지 않을 정도로 훨씬 높습니다. 그렇기 때문에 구매 후에 문의가 적고 컴플레인이 들어올 확률도 낮습니다. 선택권을 고객에게 주면 고객은 스스로 충분히 따져보고 구매를 결정하게 됩니다. 그래서 설령 구매 후에 불만족스러운 부분이 생겨도 가급적 부드럽게 해결하는 경우가 많습니다.

💡 **comment** 이 책은 자동화 마케팅을 주제로 삼고 있지만, 인간의 심리와 영성(靈性)과 같은 인문학을 기반으로 치열한 현실 실험 끝에 나온 결과물입니다. 이 책의 가치가 더욱 크게 느껴지시나요?

SUMMARY

지금까지 설명한 모든 것을 단번에 적용해야 한다는 부담감은 갖지 않아도 됩니다. 설명한 내용 중에서 자신이 쉽게 할 수 있는 것부터 한두 개 정도만 먼저 적용해도 광고비를 아예 안 쓰거나 이전보다 훨씬 덜 쓰는 경험을 하게 될 것입니다. 처음 한두 개 정도는 혼자서도 할 수 있고 가족 등 가까운 사람이 조금만 도와주어도 가능합니다.

자, 여기까지 몰입해서 읽었다면 더 많은 돈을 벌기 위해 더 많은 광고비를 지출하는 것이 유일한 해결책이 아니라는 점에 대해 조금씩 눈을 뜨고 있을 것입니다.

자동화 구현에 유용한 서비스 알아보기

본격적으로 웹과 이메일을 이용해 자동화 시스템을 구축하는 과정을 설명하기 전에 이 책에서 자주 언급할 몇 가지 툴을 소개하겠습니다. 지난 몇 년 동안 저희가 직접 써보고 여러 사업 분야에 접목해 본 툴이니 잘 익힌다면 도움이 될 겁니다.

01 : 이메일 마케팅 툴 – 스티비, 액티브 캠페인, 센드폭스

comment
이메일 마케팅 툴은 영어로 'EMP(Email Marketing Provider)'라고도 부릅니다.

이메일 마케팅에 유용한 툴은 다양합니다. 하지만 여기서 소개하는 툴은 매달 정해진 요금을 내면 몇백 명, 몇천 명에게 이메일을 발송할 수 있고, 사람들이 메일을 열어봤는지, 열어보고 나서 링크를 클릭했는지 등을 추적할 수 있다는 공통된 특징을 가지고 있어요. 또한 설정만 해두면 10번, 100번씩 언제든지 자동으로 메일을 발송할 수도 있죠. 자, 그러면 각 툴을 살펴보면서 좀 더 자세히 설명할게요.

스티비(stibee.com)

스티비(stibee)는 국내 기업에서 만든 이메일 마케팅 서비스로, 한국어로 문의하고 답변을 받을 수 있어서 편리합니다. 이메일 마케팅 툴은 대부분 해외 서비스여서 한국어 지원이 안 되는 경우가 많습니다. 이런 점에서 스티비는 강력한 장점을 가지고 있는 것입니다. 또한 시스템이 가벼워서 간단하게 쓰기에 가장 좋고 비용도 저렴한 편입니다.

▲ 국내 이메일 마케팅 툴, 스티비(stibee)

액티브 캠페인(activecampaign.com)

액티브 캠페인(ActiveCampaign)은 해외 이메일 마케팅 툴로, 다양한 기능이 특징입니다. 단순히 이메일을 자동으로 발송하는 것을 넘어, 자신이 가진 웹페이지와 연동하여 자주 접속하는 사람들에게 할인 쿠폰이나 알림 메일을 보내는 등 좀 더 복잡하고 정교한 자동화 마케팅을 할 수 있어요. 이렇게 다양하고 세밀한 기능을 구현할 수 있다는 점이 다른 툴과 뚜렷하게 구분되는 액티브 캠페인만의 큰 장점입니다. 다만 그만큼 가격이 비싼 편에 속합니다. 구독자 수가 많아질수록 월별 결제 금액이 늘어나는 이메일 마케팅 툴의 특성상, 고객이 많아질수록 비용 부담도 늘어납니다. 따라서 이메일을 처음 활용하거나 기본적인 기능만 활용한다면 액티브 캠페인을 추천하지 않습니다. 대신 웹페이지를 적극적으로 활용해서 자동화 시스템을 치밀하게 구축하고 싶다면 액티브 캠페인을 충분히 잘 활용할 수 있을 겁니다.

센드폭스(sendfox.com)

센드폭스(SendFox)도 해외 이메일 마케팅 툴로, 특징이 명확합니다. 기능이 매우 단순하고 가격이 저렴해서 대량으로 이메일을 발송하는 데 특화되어 있죠. 따라서 글로벌 서비스를 운영하면서 대량의 이메일을 발송할 때 센드폭스를 활용하면 매우 편리합니다.

▲ 대량의 이메일을 발송할 때 매우 유용한 툴, 센드폭스(SendFox)

이메일 마케팅 툴 활용하기

앞에서 소개한 세 가지 툴 외에도 컨버트킷(ConvertKit), 온트라포트(Ontraport), 메일침프(Mailchimp), 겟리스폰스(GetResponse), 플루언트CRM(FluentCRM) 등 활발하게 사용되는 다양한 이메일 마케팅 서비스가 있습니다. 서로 다른 회사에서 만들었지만, 디테일 차이만 있을 뿐 사용법은 크게 다르지 않습니다. 그러므로 어떤 서비스를 이용하든지 다음의 네 가지 영역만 알고 있으면 이메일을 활용한 자동화 시스템을 쉽게 세팅할 수 있습니다.

❶ 고객의 DB를 입력할 수 있는 폼(form) 영역

  * 고객의 DB는 이름, 이메일 주소, 전화번호 등 고객 정보를 의미합니다.

❷ 고객의 DB가 저장된 영역

❸ 입력한 정보를 이용해서 보낼 이메일을 만들고 디자인하는 영역

❹ (자동화 메일을 활용할 경우) 이메일 발송 규칙을 결정하는 영역

  * '첫 번째 이메일을 읽은 사람에게 두 번째 이메일 보내기', '첫 번째 이메일 발
    송하고 1일 후에 두 번째 이메일 발송하기'처럼 규칙을 설정할 수 있습니다.

💡 comment 이들 4개의 영역에 대해서는 170쪽에서 좀 더 자세히 설명합니다.

02 : 설문 툴 – 타입폼(Typeform)

타입폼(Typeform)은 구글폼과 비슷한 서비스로, 고객 등록과 설문 등의 기능을 자유롭게 활용할 수 있습니다. 타입폼의 가장 큰 장점은 개인에게 맞춤 형태의 질문이 가능하다는 점입니다. 예를 들어, 첫 번째 질문으로 '이름'을 물어본 후 두 번째 질문에서 그 이름을 부르면서 질문할 수 있죠. 또한 응답자가 1번 선택지를 고르는지, 아니면 2번 선택지를 고르는지에 따라 그다음 단계에서 각각 다른 질문을 할 수도 있습니다.

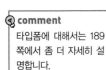
comment
타입폼에 대해서는 189쪽에서 좀 더 자세히 설명합니다.

▲ 개인 맞춤형 질문이 가능한 타입폼

03 : 홈페이지 제작 툴 – 워드프레스(Wordpress)

워드프레스(Wordpress)는 홈페이지를 제작해 보았거나 블로그 수익화를 생각해 보았다면 한 번쯤 들어봤을 홈페이지 및 블로그 제작 툴로, 스마트폰의 운영체제와 같은 역할을 합니다. 스마트폰에 애플리케이션이 있다면 워드프레스에는 플러그인이 있습니다. 그래서 스마트폰에 애플리케이션을 설치하듯이 내가 원하는 기능이 탑재된 플러그인을 설치하면 해당 기능을 내 홈페이지에서 구현할 수 있죠.

워드프레스는 전 세계적으로 널리 활용되고 있는 홈페이지 제작 툴입니다. 사용자가 많은 만큼 방대한 양의 플러그인들이 이미 배포되어 있어서 내가 필요한 기능도 대부분 개발되어 있을 가능성이 큽니다.

comment
워드프레스에 대해서는 108쪽에서, SEO 플러그인에 대해서는 137쪽에서 좀 더 자세히 설명합니다.

워드프레스는 이 책에서 강조하는 SEO(검색 엔진 최적화)를 구현하는 데 필요한 요소를 갖춘 홈페이지 제작 툴이기도 합니다. 용량이 크지 않고 가벼운 플러그인만으로도 그럴듯한 디자인이 가능합니다. 또한 더욱 효과적으로 SEO를 할 수 있도록 체크해 주는 플러그인을 설치해서 사용할 수도 있습니다.

04 : 툴과 툴을 연결해 주는 툴 – 재피어(Zapier)

재피어(Zapier)는 온라인에 있는 수많은 툴을 서로 연결해 주는 툴입니다. 예를 들어, 앞에서 설명한 타입폼으로 메일 구독 신청을 받고 신청한 사람들에게 액티브 캠페인으로 메일을 발송하는 상황을 가정해 봅시다. 타입폼과 액티브 캠페인은 별도의 회사에서 만들었지만, 재피어를 활용하면 이들 두 개의 툴을 연결할 수 있습니다. 재피어를 통해 타입폼으로 입력받은 정보를 액티브 캠페인에 자동으로 전달하고 미리 세팅해 둔 템플릿으로 맞춤 이메일을 자동으로 발송할 수 있는 것이죠.

comment
재피어에 대해서는 192쪽에서 좀 더 자세히 설명합니다.

구글폼으로 세미나를 신청한 사람에게 자동으로 회신 문자나 메일을 보내는 것도 재피어를 활용하면 다른 툴과 연결해서 쉽게 구현할 수 있어요. 재피어는 별도의 코딩 없이 웬만한 해외 서비스를 모두 연결할 수 있으므로 자동화를 구현하는 데 없어서는 안 되는 매우 중요한 툴입니다.

05 : 쉬운 디자인 툴 – 캔바(Canva)

캔바(Canva)는 국내의 미리캔버스(miri canvas)나 망고보드(MANGO board)와 비슷한 디자인 툴입니다. 포토샵이나 일러스트레이터와 같은 전문가용 툴을 사용하지 않더라도 전문가처럼 디자인을 할 수 있는 툴이죠. 미리 만들어진 수많은 디자인 템플릿을 활용하면 디자인을 잘 몰라도 광고 이미지나 인스타그램 콘텐츠, 유튜브 섬네일, 책 표지 등 무궁무진한 디자인 콘텐츠를 만들 수 있습니다. 콘텐츠 형태도 이미지부터 GIF, 영상, 프레젠테이션 등 제약이 없습니다.

06 : 홈페이지에 설치하는 챗봇 – 채널톡

◀ 고객과의 상호작용을 돕는 챗봇, 채널톡

웹페이지를 탐색하다가 이런 아이콘을 본 적이 있을 겁니다. 홈페이지에 설치하는 챗봇, 즉 채널톡의 아이콘이죠. 채널톡은 간단하게 설치만 하면 고객과 편하게 상호작용할 수 있습니다.

comment

CRM(Customer Relation-ship Management) 마케팅이란, 고객 관계 관리를 통한 마케팅 방법을 의미합니다. 이전에 우리 회사 홈페이지에 방문했던 사람이거나 상품을 관심 있게 본 사람, 또는 이전에 상품을 구매한 이력이 있는 고객들을 관리하여 효율적으로 마케팅을 하는 방식이죠.

채널톡은 미리 설정해 둔 질문에 대해서는 자동 응답이 가능합니다. 그리고 유료 플랜에 가입하면 고객 맞춤으로 알림 메시지를 보내는 등 CRM 마케팅 기능까지 사용할 수 있습니다.

07 : 광고 집행 툴 - 아드리엘(Adriel)

아드리엘(Adriel)은 광고 설정 및 집행을 도와주는 툴입니다. 광고를 하려면 인스타그램이나 구글, 페이스북 등 각 플랫폼의 특성을 잘 이해하고 기능을 익혀야 합니다. 하지만 플랫폼에 능숙하지 않거나 혼자서 다양한 일을 해야 하는 스타트업 또는 1인 기업에게는 플랫폼의 기능을 익히는 것이 시간적으로나 비용적으로 쉬운 일이 아닙니다.

이때 아드리엘을 이용하면 페이스북, 인스타그램, 구글, 카카오, 유튜브 등의 광고를 한 번에 설정하고 집행할 수 있습니다. 더 나아가 광고를 집행하면서 필요에 따라 광고를 개선해 주는 서비스도 제공합니다. 광고를 설정하면 전담 매니저가 생기는데, 이 매니저에게 궁금한 점을 물어볼 수도 있어요. 일종의 대행사 역할을 한다고 볼 수 있죠. 광고를 하면서 어려운 점이 생겼을 때 물어볼 사람이 있다는 것은 정말 큰 장점입니다. 사업체의 규모가 크지 않아 전담 마케터를 두기 어렵거나 대행사와의 소통에 어려움을 느껴서 직접 광고를 해야겠다고 생각한다면 아드리엘 서비스를 적극 추천합니다.

SUMMARY

이름이 낯선 툴들이 한꺼번에 많이 쏟아져 나와 당황스러울 겁니다. 또한 이걸 언제 다 배워야 할지 막막할 수도 있고요. 시행착오를 많이 겪어본 입장에서 팁을 말씀드려요. 우선 당장 사용하지도 않을 툴의 활용법을 먼저 배워두는 것보다 '대략 이런 기능이 있구나!' 정도로만 알아두었다가 필요할 때 익히는 방법을 추천합니다. 이때는 구글에 '해당 툴 이름+사용법'을 검색한 후 검색 결과의 위쪽에 나오는 글부터 차근차근 읽어보면 툴 활용에 많은 도움이 될 것입니다.

PART 3

자동화 마케팅의 근본,
콘텐츠 설계

자동화 마케팅을
콘텐츠로 시작해야 하는 이유

01 : 소자본으로도 가능한 콘텐츠 기반 자동화 마케팅

'자동화'에 대해 계속 이야기하고 있는데, 여러분은 '자동화'라는 단어를 들었을 때 어떤 이미지가 떠오르나요? 아마 머릿속에 떠오르는 이미지가 모두 다를 겁니다. 왜냐하면 '자동화'라는 단어에 내포된 의미가 포괄적이기 때문입니다. 그러므로 이번에는 이 책에서 이야기하려는 '자동화'가 구체적으로 무엇을 의미하는지 살펴보려고 합니다. 그렇지 않으면 이 책을 읽고 있는 독자 여러분의 생각과 다른 내용으로 전개될 수 있을 테니까요.

자동화는 마케팅 영역뿐만 아니라 모든 종류의 산업에서 이루어지고 있습니다. 일반적으로 '자동화'라고 했을 때 가장 먼저 떠오르는 것은 공장에서 일하는 자동화 설비일 거예요. 사람의 노동력으로 돌아가던 공정에 기계를 도입하고 이 기계를 자동으로 돌아가게끔 세팅하는 것이죠. 사업자의 입장에서 보면 내가 하는 일을 체계화해서 시스템을 만드는 일도 일종의 자동화라고 할 수 있습니다. 내가 일일이 손대지 않아도 알아서 업무가 진행되니까요.

요즘 가장 핫한 이슈인 ChatGPT를 필두로 AI를 이용한 업무 자동화 역시 많은 주목을 받고 있습니다. 실제로 이런 AI 프로그램을 이용하면 수십, 수백 개의 글을 눈 깜짝할 사이에 작성할 수 있습니다. 업무 보고서부터 논문 작성, 블로그 포스팅까지 각 영역에 얼마든지 쓸 수 있죠. 이제는 명령어만 입력하면 각종 이미지부터 영상까지 나오는 시대입니다. 이를 활용해서 프로그램이나 애플리케이션을 만드는 것도 자동화라고 할 수 있습니다.

▲ 명령어에 따라 이미지를 생성하는 AI, DALL·E2(달리2)

이와 같이 '자동화'라고 하면 뭔가 거창한 이미지가 떠오르다 보니 자본이 많은 기업이나 투자를 많이 받은 사람만 할 수 있다고 생각하는 것 같아요. 하지만 이 책에서 이야기하려는 자동화는 소자본 기업이 적용하기 쉽고 소규모 인원이라도 상대적으로 적은 비용으로 가능한 형태이므로 너무 걱정하지 마세요.

회사의 중요한 업무를 소수 인원이 맡으면 한 명당 부담해야 할 업무량이 많을 겁니다. 당장 급한 일을 처리하느라 중요한 일을 놓치기도 하고요. 이런 상황에서 자동화를 활용하지 않으면 더 많은 일을 하기 위해서 더 많은 인력을 뽑아야 합니다. 하지만 소자본 기업은 그럴 만한 여유가 없는 경우가 많습니다. 국내 기업들이 고질적으로 겪고 있는 이 문제를 효율적으로 해결하기 위해 지난 수년간 실험해 온 방향이 바로 '콘텐츠를 기반으로 진행하는 자동화 마케팅'입니다. 이것을 가능하게 만드는 주요 툴이 바로 워드프레스 기반의 웹페이지 제작과 이메일이고요.

잠재 고객에게 도움이 되는 콘텐츠를 만들고 콘텐츠를 통해 웹페이지로 유입된 사람들을 이메일 구독자로 전환한 후 다시 이 사람들에게 도움이 되는 콘텐츠를 정기적으로 제공하면서 신뢰도를 높이는 것이죠. 이렇게 콘텐츠를 바탕으로 자동화 마케팅을 하는 방식은 당장 인력을 확충하는 것보다 비용 면에서 저렴할 뿐만 아니라 더 다양한 기능을 적은 인원으로 구현할 수 있다는 장점이 있습니다.

02 : 왜 수많은 방법 중에서 하필 콘텐츠인가요?

이런 의문이 들 수 있어요. 그래서 이번에는 소자본 기업이 콘텐츠를 바탕으로 자동화 마케팅을 시작하면 유리한 세 가지 이유를 설명하겠습니다.

첫 번째 이유, 리스크가 적다.

자동화 마케팅을 위해 별도로 프로그램이나 애플리케이션을 개발한다면 시간과 노력, 그리고 비용을 적지 않게 투자해야 하고 시행착오도 많이 겪어야 합니다. 물론 플랫폼이 잘 만들어져서 잘 활용된다면 좋겠지만, 현실적으로 문제가 계속 발생할 것입니다. 개발 도중에 엎어질 수도 있고, 개발은 완료했지만 계속 추가 보완 작업을 하느라 실제 업무 현장에서 잘 쓰지 못하는 경우도 허다합니다. 투자는 투자대로 하고 제대로 활용을 못 하게 되는 거예요.

하지만 콘텐츠 제작은 이런 부담 없이 가볍게 시작할 수 있습니다. 인스타그램, 블로그, 유튜브 등 이미 많은 사람이 사용하고 있는 플랫폼을 활용할 수 있고 홈페이지에 정보성 콘텐츠를 채우는 것도 워드프레스만 있다면 가능합니다. 뉴스레터 서비스도 기존에 잘 만들어진 서비스를 구독해서 쓰면 됩니다. 적은 비용을 투자해도 되고 완성도가 높은 플랫폼을 활용하므로 리스크도 적겠죠?

두 번째 이유, 마케팅 및 브랜딩 효과를 가져올 수 있다.

회사의 브랜딩이 단 한 가지 요소로 결정되지는 않지만, 회사의 철학을 담아 콘텐츠를 만들고 이 콘텐츠를 꾸준히 업로드하면 잠재 고객들은 자연스럽게 우리 회사를 인식하게 됩니다. 또한 반복적으로 콘텐츠를 접하게 된다면 우리 회사에 관심과 애정도 쉽게 생길 거예요.

소자본 기업은 값비싼 영상을 제작하기도 어렵고 아직 브랜딩이 안 되어 있는 경우가 많습니다. 이때 잠재 고객에게 도움이 되는 콘텐츠를 정기적으로 노출만 해도 충분히 친근감과 신뢰를 쌓을 수 있는데, 이것이 바로 콘텐츠를 통한 브랜딩 효과입니다.

우리 회사의 존재가 소비자에게 익숙해지면 자연스럽게 상품 구매도 더 쉽게 일어납니다. 주변 사람들에게 우리 회사를 긍정적으로, 자신 있게 소개해 줄 가능성도 커지죠. 이런 과정을 통해서 마케팅과 더불어 브랜딩 효과까지 누릴 수 있습니다.

세 번째 이유, 인재 영입에 유리하다.

사업가들을 만나다 보면 '일할 사람이 없다.'라는 말을 많이 듣습니다. 정확히 말하면 일을 믿고 맡길 만한 사람을 찾기가 정말 힘들다는 뜻입니다. 회사를 다음 스텝으로 성장시키기 위해 좋은 인력을 뽑으려고 하지만, 쉽지 않은 경우가 많습니다.

이렇게 일반적인 구직 플랫폼에서 답을 찾지 못한 대표님께 추천하는 방법이 있습니다. 바로 '책 쓰기'입니다. 대표의 스토리와 회사의 철학을 담아서 책을 쓰면 분명 그 뜻에 공감하는 독자들이 생길 것입니다. 그중 일부는 이 회사에서 함께 일하고 싶은 마음을 가질 수도 있어요. 실제로 기업이 상장이나 다음 스텝을 준비하는 단계에서 좋은 인력을 구하고 인지도를 높이기 위해 흔히 하는 작업이 바로 책 쓰기입니다.

책 쓰기가 조금 부담스럽다면 회사의 철학을 담은 콘텐츠를 꾸준히 만들어 홈페이지에 올리는 것만으로도 훌륭한 인재를 훨씬 수월하게 찾을 수 있을 거예요. 콘텐츠를 올리면서 인재 모집에 대한 안내를 덧붙이면 되기 때문이죠. 실제로 '브런치'라는 플랫폼을 보면 다양한 스타트업 및 기업에서 글을 올리고 있습니다. 자신들이 하는 일과 시행착오, 경험담을 지속적으로 올리면서 인재들의 지원을 독려하는 메시지를 자주 볼 수 있어요.

▲ 다이소 창업주 박정부 회장이 집필한 《천 원을 경영하라》(쌤앤파커스 출간)

SUMMARY

지금까지 콘텐츠를 통해서 자동화 마케팅을 구축해야 하는 이유를 설명했습니다. 소자본 기업은 리스크를 관리하는 것이 정말 중요하고, 우선순위를 잘 정해야 합니다. 이런 상황을 고려했을 때 최선의 선택지는 바로 콘텐츠를 활용한 자동화 마케팅입니다. 자, 그러면 이제 콘텐츠로 자동화 마케팅을 시작해 볼 마음이 생겼나요?

자동화 마케팅 설계에 필요한
콘텐츠 제작 접근법

지난 수년 동안 콘텐츠와 관련된 교육을 하면서 느낀 점이 하나 있습니다. 정말 많은 사람이 콘텐츠를 '특별한 것'으로 여기고 있다는 것입니다. 그도 그럴 것이 불과 4~5년 전인 2018년부터 2019년 무렵만 해도 콘텐츠(contents)는 굉장히 낯선 개념이었습니다.

> 💡 **comment** 이후 인스타그램, 유튜브, 블로그, 틱톡 등 콘텐츠 플랫폼을 이용한 수익화 개념이 널리 퍼지면서 많은 사람이 콘텐츠의 중요성을 인식하게 되었죠.

콘텐츠를 통해 마케팅을 하는 입장에서 말하자면 콘텐츠를 '특별한 것'이라고 생각하면서 거리감을 둘 필요는 전혀 없습니다. 단순히 내 사업을 더 원활하게 만들어 주는 일종의 툴이라고 생각하면 좋습니다. 이 책을 읽고 있는 독자 여러분이 콘텐츠라는 툴을 잘 활용할 수 있도록 현재 별다른 콘텐츠 주제가 없는 경우와 콘텐츠 주제가 있는 경우(상품이 있는 경우)로 나누어서 설명해 보겠습니다.

> 💡 **comment** 콘텐츠 주제가 있는 경우와 없는 경우로 나누어서 설명하는 이유는, 각각의 경우마다 초반에 접근하는 과정이 조금 다르기 때문입니다.

01 : 콘텐츠 주제를 아직 정하지 않은 경우

일단 시작해 본다.

콘텐츠 주제를 정하지 못한 사람들이 가장 많이 겪는 문제는, 특별한 주제를 찾느라 아무것도 시작하지 못한다는 것입니다. 나만이 할 수 있는 주제, 내가 정말 좋아하는 주제, 내가 재미있으면서도 사람들이 원하는 주제, 수익화가 잘 되는 주제 등을 찾으면서 말이죠. 하지만 처음부터 이런 주제를 정확하게 찾아내는 경우는 거의 없습니다. '이게 내가 찾던 주제다' 싶어서 시작해도 막상 콘텐츠를 만들다 보면 예상치 못한 벽에 부딪히게 됩니다. 기대했던 것에 비해 수익화가 잘 안 되는 경우도 많죠. 반대로 큰 기대 없이 시작한 콘텐츠가 생각보다 훨씬 좋은 반응을 얻기도 합니다.

혼자서 고민하고 공부하면서 나만의 특별한 주제를 찾기는 정말 어렵습니다. 게다가 쓸데없는 에너지 소모도 무척 큽니다. 그러므로 일단 생각나는 주제로 대충이라도 콘텐츠를 만든 후 주변 사람들에게 보여 주는 것이 좋습니다. 사람들과 소통하는 과정에서 생각지도 못한 포인트를 캐치할 수도 있고, 적절한 콘텐츠 주제를 좀 더 디테일하게 찾아 나갈 수도 있기 때문입니다.

실제로 SNS로 콘텐츠 마케팅을 처음 시작하는 사람 중에는 몇 달 사이에 콘텐츠의 주제가 바뀌는 경우가 많습니다. A라는 주제로 계정 운영을 시작했다가 콘텐츠를 계속 올리고 사람들과 소통하는 과정에서 A'라는 주제 또는 아예 다른 B라는 주제로 바꾸는 것이 더 좋겠다고 판단하는 것이죠. 따라서 처음부터 최적의 주제를 찾기 위해 시간을 쏟기보다는 일단 최대한 빠르게 뭐라도 만들어 보는 것이 중요합니다.

중요한 것은 진정성이다.

전문성이 없다는 이유로 콘텐츠에 도전하는 것 자체를 꺼리는 사람들도 많은데, 사람들이 꼭 전문성 있는 콘텐츠만 보는 것은 아닙니다. 공감대를 얼마나 잘 형성했는지, 콘텐츠 제작자가 얼마나 매력적인지, 얼마나 지속적으로 소통하면서 진정성을 보여주는지의 여부도 사람들이 콘텐츠를 보는 데 큰 영향을 미칩니다.

'전문성'이라는 개념도 사람마다 생각하는 기준이 모두 다르므로 '전문성을 갖추고 도전하겠다.'라고 생각하면 공부하는 시간만 한없이 늘어나고 콘텐츠를 제작하는 일을 자꾸 미루게 됩니다. 그러므로 일단 시작한 후 사람들의 반응을 관찰하면서 필요한 부분만 보완하고 전문성을 갖춰 나가는 방법을 추천합니다. 이 방법이 콘텐츠를 보는 사람들과 공감대를 형성하기도 쉽고 진짜 전문가가 되는 가장 빠른 길이기 때문입니다.

> 💡 **comment** 오늘 이 책을 통해 공부한 내용을 정리하고, 이를 바탕으로 간단하게 자신의 생각을 적는 것만으로도 괜찮은 콘텐츠를 만들 수 있습니다.

 잠깐만요 | 책을 주제로 한 콘텐츠 제작하기

요즘은 책을 주제로 콘텐츠 제작에 도전하는 경우가 많습니다. 진입 장벽도 낮고 사람들에게 부담 없이 접근할 수 있는 주제이기 때문이죠. 최근에 감명 깊게 읽은 책을 요약한 후 자신의 생각을 간단히 덧붙이면 생각보다 많은 사람의 공감을 불러일으킬 수 있어요. 꾸준히 업로드하다 보면 출판사나 저자와 인연이 닿을 확률도 높아지죠. 독서 모임 등 오프라인 모임으로 확장하면서 더 많은 사람의 피드백을 받거나 추가 수익의 기회를 잡을 수도 있습니다.

여기서 더 나아가 38쪽에서 다룬 뉴스레터를 활용하여 매주 구독자에게 책을 추천하는 이메일을 발송하면 어떨까요? 내 이야기를 신뢰하는 사람들이 늘어나고 콘텐츠도 더욱 주목받을 수 있게 됩니다. 이러한 일련의 성과를 내기 위해서 가장 중요한 것은 일단 시작해야 한다는 것입니다.

부의 추월차선 요약 / 5가지 부자되는 법 / 후기 / 비판

▲ 책을 주제로 한 콘텐츠

02 : 콘텐츠 주제나 상품을 정한 경우

이번에는 콘텐츠 주제를 한 방향으로 확정한 경우를 살펴보겠습니다. 사업을 하고 있는 입장에서는 홍보해야 할 상품이 정해져 있는 경우를 말하기도 합니다. 이런 경우라면 이미 SNS를 통해 콘텐츠를 올리고 있는 사람들이 많을 거예요. 하지만 콘텐츠를 올려도 생각보다 반응이 없거나, 사람들에게 노출이 잘 안 되거나, 수익으로 연결되지 않는다면 기대감이 떨어지곤 합니다.

자극적이고 과장된 콘텐츠는 절대 금물!

콘텐츠 주제를 확정한 경우 가장 주의해야 할 점은, 상품을 바로 판매하고 싶은 마음에 콘텐츠 제목을 무작정 자극적으로 정하거나 내용을 과장하면 안 된다는 것입니다. 보는 사람 입장에서는 콘텐츠가 아니라 일방적인 광고로 느껴져서 신뢰감이 생기지 않습니다. 그 결과, 아무리 많은 사람이 콘텐츠를 봐도 '좋아요'나 '댓글' 등의 반응을 하지 않고, 이것을 넘어 차단하는 일까지 자주 생기면서 계정에 좋지 않은 영향을 미치게 됩니다.

또한 팔로워를 빨리 늘리고 싶은 마음에 상품과 아무런 상관없이 단지 반응만 좋은 콘텐츠를 마구잡이로 올리는 사람들도 있는데, 이 방법도 절대 추천하지 않습니다. 특정 주제의 자극적인 콘텐츠로 유입된 팔로워들은 다른 주제를 올리는 즉시 반응이 떨어지기 때문입니다. 매번 자극적인 콘텐츠의 힘으로 팔로워는 어느 정도 생기겠지만, 계정 자체가 가지는 힘이나 신뢰도는 약해집니다. 그래서 결국 장기적으로 보면 계정에 악영향을 끼치게 됩니다.

세상 모든 사람이 내 상품을 구매하지는 않는다.

콘텐츠를 올리기 전에 우리가 하는 이 작업의 목적부터 생각해 볼 필요가 있습니다. 단순히 팔로워 숫자를 늘리기 위해서인지, 아니면 사업에 도움이 되는 브랜딩이나 잠재 고객과의 소통을 위해서인지에 따라 작업의 결과는 크게 달라질 것입니다. 고객에게 실질적으로 도움이 되는 내용으로 콘텐츠를 제작하고 그 내용이 정말 필요한 사람들이 팔로워가 되어야 신뢰가 쌓이고 상품도 자연스럽게 판매할 수 있습니다. 더 빨리 팔로워를 늘리고 더 많은 고객을 만들어야 한다는 생각의 바탕에는 모든 사람이 내 상품의 고객이 될 수 있다는 전제가 깔려 있습니다. 이것은 돈을 벌고 싶다면 가장 경계해야 하는 사고입니다. 생각보다 많은 사람이 이 착각 때문에 수익을 제대로 만들지 못하고 있습니다. 물론 사업을 오래 해 보고 수많은 고객을 만나보면 자연스럽게 깨닫게 됩니다. 모든 사람을 내 고객으로 만드는 것은 포기해야 한다는 사실을요. 모든 사람을 설득하려고 하다 보면 특색 없는 제품만 만들게 되기 때문입니다.

> 💡 **comment** 내 상품이 필요하지 않은 고객을 억지로 설득해서 상품을 구매하게 하는 것도 문제입니다. 고객은 고객대로 불만이 생기고 운영자는 운영자대로 컴플레인 때문에 스트레스를 받게 됩니다.

SUMMARY

대중에게 무리하게 내 제품을 판매하려고 하지 말고 콘텐츠를 이용해서 내 제품에 관심 있는 고객만 필터링하면 돈 버는 일이 좀 더 쉬워집니다. 그리고 콘텐츠의 메시지를 활용해서 내 고객이 되지 않을 사람은 애초에 접근하지 않게 만들면 돈 버는 일이 좀 더 즐거워집니다. 이렇게 쉽고 즐겁게 사업하면서 돈 벌고 싶지 않으신가요?

고객이 원하는 콘텐츠 만들기

01 : 내 콘텐츠의 첫 번째 고객은 바로 나!

콘텐츠 교육을 진행하면서 많은 사람이 비슷한 고민을 하는 것을 직접 확인할 수 있었습니다. 그중 한 가지가 바로 '내가 원하는 콘텐츠를 만들 것이냐, 아니면 사람들이 원하는 콘텐츠를 만들 것이냐' 하는 고민이었어요. 그렇다면 왜 이런 고민을 하게 될까요? 내가 원하는 콘텐츠를 만들면 돈을 못 벌고 사람들이 원하는 콘텐츠를 만들어야만 돈을 잘 번다는 인식 때문이라고 생각합니다.

물론 완전히 틀린 인식이라고 보기는 어렵습니다. 하지만 우리는 이렇게 생각해 보아야 합니다. 내 콘텐츠의 가장 첫 번째 고객은 바로 '나'라고요. 내가 즐길 수 있는 주제를 선택해야 생각처럼 진도가 잘 나가지 않고 여러 가지 어려움을 겪을 때도 힘든 시간을 극복하고자 하는 마음이 생깁니다. 해당 주제에 대해 심도 있게 고민하고 여러 각도로 생각해 보는 것도 내가 재미를 느끼지 못하면 하기 어렵습니다.

실제로 콘텐츠와 관련된 컨설팅을 하다 보면 내가 좋아하지 않는 주제인데도 '이런 주제를 해야만 돈을 벌 수 있기 때문에' 선택하는 경우를 보게 됩니다. 마침 그 주제가 나에게도 흥미로운 주제라면 참 좋겠지만 그렇지 않은 경우가 문제입니다. 즉, 다른 사람은 원하지만 나는 전혀 관심이 없는 주제를 선택하면 문제가 된다는 뜻입니다. 많은 사람이 '사람들이 원하는 주제를 선택하면 무조건 돈을 벌 수 있을 거야.'라고 생각합니다. 정말 그럴까요?

내가 원하지 않는 주제를 선택하면 생기는 부작용

내가 원하지 않은 주제를 선택한다면 우선 주제를 깊이 있게 파고들기 어렵습니다. 내가 원하는 주제를 선택하든, 사람들이 원하는 주제를 선택하든 어려움은 똑같이 계속 찾아옵니다. 사람들이 콘텐츠에 반응을 보이지 않거나, 반대로 너무 많은 반응을 보여서 악플이 달리거나, 주제가 고갈되거나, 이 길이 맞는지 심각하게 고민하게 되는 등 수많은 고비를 만나게 되죠. 이럴 때 내가 흥미를 느끼지 못하는 주제라면 어려움을 해결하기 위한 방법을 깊이 생각해 볼 수 있을까요?

주제를 대하는 태도는 고객들에게도 티가 납니다. 사람은 자신이 좋아하는 분야에 대해 이야기할 때 가장 에너지가 넘칩니다. 반대로 관심 없는 분야에 대해 이야기하면 자신감이 떨어지죠. 일반적인 대화에서뿐만 아니라 콘텐츠를 제작할 때도 이런 태도가 고스란히 드러납니다. 고객은 자신이 관심을 가지고 있는 주제에 대해 열정적으로 이야기하는 사람과 그렇지 못한 사람, 둘 중 어떤 사람의 상품에 호감을 느낄까요? 물론 후자일 것입니다.

02: 콘텐츠에 성과를 더하는 요소, 벤치마킹

'나는 성과를 만들어야 하는 입장이라 내 흥미만 추구할 수는 없다.'라는 생각을 하는 사람도 있을 겁니다. 물론 성과는 만들어야 합니다. 아무리 내가 원하는 주제라고 해도 성과가 안 나오면 흥미가 떨어지니까요. 따라서 내가 원하는 주제로 시작해도 대중이 좋아하는 무언가를 결합해야 하는데, 이때 유용한 방법이 바로 벤치마킹(benchmarking)입니다. 나와 비슷한 주제로 콘텐츠를 만들거나 사업을 전개해 나가는 다른 사람들의 사례를 찾아보는 것이죠.

해외 사례를 찾아보거나 네이버 지식인과 네이버 카페를 이용해도 좋고 책이나 유튜브 등을 통해 여러 사례를 접할 수도 있습니다. 이 과정에서 내가 알고 있던 것과 다른 사례를 발견하면 시야가 넓어져서 새로운 아이디어가 떠오르고 자신감이 생깁니다. 사람들이 이 주제로는 돈을 못 번다고 이야기했는데, 실제 사례를 찾아보면 꼭 그렇지만은 않다는 것도 깨닫게 되죠.

💡 **comment** 오직 강의 판매만으로 수익을 내려고 했던 강사가 비슷한 사례를 벤치마킹한다고 생각해 봅시다. 이 경우 커뮤니티를 운영하면서 멤버십으로 돈을 벌 수도 있고 구독 형태로 돈을 버는 방법도 있다는 사실을 새롭게 배울 수 있겠죠?

명확한 타깃을 설정한 후 벤치마킹하기

이러한 과정에서 주의할 점은, 벤치마킹이라는 명목으로 다른 비즈니스를 무작정 베껴서는 안 된다는 것입니다. 도의적, 법적인 문제도 있지만, 무엇보다 내 사업의 브랜딩에 안 좋은 영향을 미치기 때문입니다. 이때 '모든 사람이 나의 고객이 아니라는 사실'을 아는 것이 중요합니다. 이제 막 콘텐츠를 만들어 나가는 사람 중에서는 모든 고객을 커버할 것처럼 자신감을 보이는 사람이 꽤 많지만, 막상 경험해 보면 그것이 그렇게 바람직하지 않다는 것을 알게 될 겁니다.

내 상품이 필요하지 않은데 순간 혹해서 접근하는 고객, 과장된 상품소개를 보고 접근하는 고객은 단기적으로는 내 사업에 이득을 줄 수 있어도 결과적으로는 서로 손해를 보게 됩니다. 불필요한 요청과 컴플레인은 내 사업을 한 방향으로 발전시키는 데 걸림돌이 되기 때문입니다. 따라서 내가 원하는 타깃 고객이 어떤 사람인지 구체적으로 그려나가면서 벤치마킹을 적용하는 것이 좋습니다.

내가 즐길 수 있는 주제를 선택하고 타깃 고객에게 알맞은 벤치마킹을 적용해야 합니다. 이렇게 완성한 주제에 자신의 경험과 노하우를 잘 정리하여 전달한다면 나와 고객 모두 윈윈(win-win)하는 콘텐츠를 만들 수 있습니다. 그리고 이런 방식으로 콘텐츠를 만들어야 진정으로 마음에서 우러나오는 콘텐츠가 완성됩니다. 누군가에게 정말 도움이 되었으면 좋겠다는 마음으로 콘텐츠를 만들면 그 마음이 전달되는 법이니까요. 이것은 누군가가 시켜서 또는 남들이 잘될 것 같다고 해서 만드는 콘텐츠와는 전혀 다르다는 사실을 꼭 기억하세요.

기존 콘텐츠 쉽게 응용하기

01 : 나만의 개성 있는 콘텐츠를 만들고 싶다면?

콘텐츠가 사업에 정말로 도움이 되려면 꾸준히 제작해야 한다고 이야기했지만, 이게 말처럼 쉽지 않다는 것을 정말 잘 알고 있습니다. 이유는 많지만, 가장 큰 이유 중 하나는 바로 소재 고갈입니다.

일주일에 콘텐츠를 하나만 올려도 1년이면 50개가 넘는 콘텐츠를 만드는 셈입니다. 만약 업로드 횟수를 3~5회까지 늘리면 1년 동안 만들어야 할 콘텐츠가 수백 개에 육박합니다. 그 많은 콘텐츠의 소재를 생각해 내려면 '이걸 정말 지속할 수 있나?'라는 생각이 저절로 들기 마련입니다. 특히 콘텐츠에 나만의 독창적인 내용을 담으려고 하면 더욱 어렵게 느껴집니다. 특별한 것을 만들어야 한다고 생각하는 순간부터 뇌는 긴장하고 오히려 창의적인 아이디어를 내지 못하니까요.

💡 comment 컴퓨터 앞에 앉아 창의적인 아이디어를 생각해 내려고 애쓰는 것은 마치 회의 시간에 상사가 '창의적인 아이디어를 당장 생각해 봐'라고 다그치는 상황과 똑같습니다.

자신만의 독창적인 콘텐츠를 만들고 싶다면 '이미 내가 충분한 재료를 가지고 있다는 사실'을 받아들이는 것부터 시작해야 합니다. 다시 말해서 이제까지 충분히 배웠고 또 충분히 많이 배우고 있다는 사실을 받아들여야 합니다. 살아온 삶의 이야기, 그 안에 담긴 삶을 사는 지혜, 일상을 살아가면서 얻은 작은 아이디어 같은 것들을 함께 꿰맞추어야 나만의 콘텐츠가 만들어집니다.

02 : 내가 가지고 있는 이야기를 밖으로 꺼내는 방법

세상에 없던 것을 만들려고 애쓰는 대신, 나의 뇌가 좋아하는 방식으로 내가 이미 가지고 있지만 잘 인식하지 못했던 것을 꺼내는 훈련을 해야 합니다. 질문이 너무 거창하게 느껴지거나 분명하지 않다고 판단되면 뇌는 그 순간 두려움을 느끼면서 방어적으로 돌변합니다. 예를 들어, "오늘 뭐 했어?"라는 질문을 받으면 머릿속에 오늘 있었던 수많은 일들이 한데 뒤얽히면서 "별거 없었어.", "평소와 똑같았어."와 같은 답을 하게 되죠. 하지만 "오늘 누구랑 어디서 뭐 먹었어?"와 같은 구체적인 질문을 받으면 훨씬 더 풍부하고 세부적인 부분까지 생각이 떠오르고 더 많은 내용을 이야기할 수 있게 됩니다.

처음부터 추상적인 질문을 가지고 콘텐츠 아이디어를 떠올리려고 하면 기존에 가지고 있던 소재를 밖으로 꺼내기가 어렵습니다. 그러므로 뇌가 좋아하는 방식으로 천천히, 쉽게 예열하면서 콘텐츠를 만들어 가야 합니다.

 잠깐만요 | 실전! 내 머릿속의 이야기 꺼내기

실제로 한번 시도해 볼까요? 다음 세 가지 질문에 답변해 보세요.

❶ 최근에 감사한 일은 무엇이 있나요?
❷ 최근에 불편하게 느껴졌던 일은 무엇이 있나요?
❸ 그것을 해결하려고 어떤 노력을 했나요?

질문에 대해 말이나 글로 답변해 보는 것만으로도 완성도 있는 콘텐츠 소재가 만들어집니다. 이 소재를 다양한 방향으로 확장해서 사용할 수 있으니 잘 활용해 보세요.

03 : 공부하면서 콘텐츠를 만들어야 하는 이유

내가 가지고 있는 이야기 중에서 지금 공부하고 있는 내용을 콘텐츠로 만들어 보는 것도 좋습니다. 예를 들어볼까요? 만약 여러분이 재테크 공부를 하고 있다고 가정해 볼게요. 콘텐츠를 만들기 위해 주식도 이것저것 전부 투자해 보고 부동산도 사보고 나서 콘텐츠를 만들려고 하면 너무 오래 걸릴 겁니다. 이럴 때 재테크 관련 영상이나 책을 보고 느낀 점을 정리하는 것만으로도 좋은 콘텐츠가 됩니다. 오늘 공부한 내용 중 동의하는 부분과 동의하지 않는 부분, 어렵게 느껴진 부분, 나라면 다르게 볼 것 같은 부분 등을 정리하는 것입니다. 그리고 '종합해 봤을 때 내 생각은 이렇다.'라는 식으로 마무리하는 거죠.

똑같이 공부를 해도 '공부를 다 하고 나서 콘텐츠를 만들어야겠다.'라는 생각과 '공부하면서 콘텐츠도 만들겠다.'라는 생각은 시작부터 큰 차이가 있습니다. 전자는 시작이 늦어질 뿐만 아니라 공부를 하면 할수록 스스로 부족하다는 생각에 갇힐 가능성이 매우 높습니다. 반면 후자는 천천히 성장하는 모습을 공유하면서 자연스럽게 팔로워를 늘리게 됩니다.

물론 주의할 부분이 있습니다. 배운 것과 실제 사실은 다를 수 있다는 점을 반드시 인지하고 있어야 합니다. 공부한 내용을 정리해서 내 생각을 전달하되 콘텐츠를 보고 영향을 받을 사람들을 고려해야 합니다. 공부한 내용을 모두 진리로 받아들이는 사람들이 종종 있습니다. 실제 자신에게 적용해 보지도 않고 자신이 전문가가 되었다고 착각하는 경우죠. 사람들에게 무리한 영향력을 행사하면 빠른 속도로 관심을 끌수는 있지만, 나중에 스스로 책임지지 못할 일을 만드는 상황으로 흘러가기 쉬우니 주의해야 합니다.

04 : 콘텐츠를 훨씬 쉽게 만드는 방법

콘텐츠를 좀 더 수월하게 만드는 팁을 한 가지 더 알려드리겠습니다. 글쓰기와 말하기는 둘 다 어려운 영역입니다. 하지만 개인마다 상대적으로 더 쉬운 쪽이 분명히 있습니다. 글을 쓰는 것이 더 편하고 익숙한 사람도 있지만, 말이 더 편한 사람도 종종 있죠.

말이 편한 사람들은 일단 떠오르는 대로 이야기하면서 녹음해 보세요. 이후 '네이버 클로바(Naver CLOVA)'라는 프로그램을 이용해서 음성을 텍스트로 변환하면 됩니다. 네이버 클로바에 음성 녹음 파일을 업로드하고 텍스트로 변환하는 과정을 거치면 매우 정확한 결과물을 다운로드할 수 있습니다.

음성 기록	메모

 참석자 1 00:01
이렇게 네이버 클로바 노트라는 프로그램을 이용하면 음성을 텍스트로 바로 변환할 수 있습니다.
혹은 녹음한 음성 파일을 업로드하고 텍스트로 변환할 수도 있어요.

▲ 네이버 클로바로 음성 녹음 파일을 텍스트로 변환하기

이렇게 텍스트로 변환한 내용을 바탕으로 글을 써가면 됩니다. 완전히 백지 상태에서 시작하는 것이 아니라 내가 무슨 말을 하려고 했는지 정리한 아이디어 노트를 바탕으로 전개해 나가는 방법이죠. 이 방법은 창의적인 콘텐츠를 생산하는 데 드는 에너지를 획기적으로 줄일 수 있습니다.

아이디어 노트 없이 백지 상태에서 바로 글을 쓰면 말을 할 때와 달리 머릿속에 떠오른 이야기를 글쓰기 좋게 다듬는 과정이 한 번 더 들어가게 됩니다. 누군가는 이 과정이 쉬울 수 있지만, 누군가는 너무 많은 부분을 고려하는 탓에 아예 글쓰기를 시작조차 못 하기도 합니다. 이 단계에서 생각보다 많은 에너지를 쏟고 글쓰기와 담을 쌓는 사람들을 정말 많이 만났습니다.

💡 **comment** 후자의 경우 잘못된 글쓰기 수업을 듣고 영향을 받은 사람들이 많았습니다.

좋은 글을 쓰기 위해 책상 앞에 앉아 아무리 고민해도 글이 잘 나오지 않는 경험을 한 사람들이 분명히 있을 겁니다. 이런 사람들에게는 정말 효과가 좋은 팁이죠. 이 프로세스로 글을 쓰면 한 편의 글을 다 쓰고 난 다음에도 에너지가 남아서 바로 퇴고까지 할 수도 있습니다. 그 결과, 퀄리티가 상당히 높은 결과물이 나올 수 있는 것이죠.

SUMMARY

글쓰기의 첫 단추에서부터 자신이 전하려고 하는 핵심 메시지에 맞춰서 완벽하게 글을 전개하는 것은 너무 어려운 일입니다. 그 와중에 맞춤법뿐만 아니라 독자의 입장까지 생각하면서 글을 쓸 수 있는 사람은 0.001%도 되지 않습니다. 하지만 초보자에게 이러한 완벽함을 요구하는 글쓰기 수업이 많아서 평생 글쓰기와 담을 쌓는 부작용이 많이 발생하고 있습니다.

이러한 현실이 안타까워서 저희는 더 쉬운 글쓰기 방식을 연구하기 시작했습니다. 심리적으로 거부감없이 글쓰기를 할 수 있는 방법은 정말 많습니다. 수많은 초보 콘텐츠 크리에이터를 교육하면서 이런 방법의 필요성을 더욱 체감하게 되었습니다.

이 책을 보는 독자 여러분은 책에 나오는 방법을 통해 에너지 낭비를 줄이고 남는 에너지를 이용해서 핵심 메시지를 잘 담으면서도 퇴고가 잘 된 깔끔한 글을 쓸 수 있게 될 것입니다. 이 책에서는 콘텐츠 제작에 대한 거부감을 해결할 수 있는 방법을 계속 언급할 것이므로 자신감을 가지세요.

돈 안 들이고 콘텐츠 피드백 전문가를 고용하는 방법

01 : 간단하고 확실하게 콘텐츠의 방향을 잡고 싶다면?

사업에 도움이 되는 방향으로 콘텐츠를 안착시켜 주는 마법 같은 요소가 있습니다. 바로 '피드백(feedback)'입니다. 지금 발행하는 콘텐츠가 잠재 고객에게 실제로 도움이 되고 있는지, 아니면 엉뚱한 방향으로 가고 있는지를 알아야 콘텐츠의 방향을 잘 결정할 수 있기 때문입니다.

혼자 콘텐츠를 만들다 보면 피드백의 중요성을 종종 잊어버립니다. 그래서 정말 많은 사람이 자신이 하고 싶은 말만 하거나 지레짐작으로 '이런 게 도움이 되겠지.'라고 생각하는 콘텐츠만 계속 올립니다. 당연히 사람들의 반응은 좋지 않고 반응이 좋지 않으니 결국 지쳐서 콘텐츠 제작을 포기해 버립니다.

회사에 콘텐츠를 담당하는 특정 팀이 있어도 이 문제는 완전하게 해결되지 않습니다. 회의실에서 회의하는 장면을 잠깐 떠올려 볼게요. 일반적인 회의 상황에서 피드백이 편하게 나올 수 있을까요? 윗사람이나 동료의 눈치를 보느라 발언하기도 어렵고 창의적인 대안을 제안하기도 쉽지 않습니다. 결국 매우 뻔하고 안전한 이야기만 나오게 되어 모두 만족하지 못하는 피드백만 주고받을 확률이 매우 높습니다.

회사가 자유로운 발언을 지지하는 분위기여도 한계가 있습니다. 회사 내부자의 시선으로 바라본 피드백만 나오기 때문입니다. 콘텐츠는 내부에 있는 사람만을 위한 것이 아니라 외부에 있는 고객의 반응을 이끌어내기 위해 만들었다는 것을 꼭 기억해야 합니다.

02 : 간단한 질문 한 마디로 피드백 받기

그렇다면 어떻게 해야 콘텐츠의 방향을 잡는 데 도움이 되는 피드백을 받을 수 있을까요? 이미 눈치채셨겠지만 간단하고도 확실한 방법이 한 가지 있습니다. 콘텐츠를 보는 사람, 즉 콘텐츠 소비자에게 직접 물어보는 것입니다.

콘텐츠를 만들다 보면 자신도 모르게 '생산자'와 '소비자'라는 이분법의 오류에 빠집니다. 나와 회사는 일방적으로 콘텐츠를 제공하는 적극적인 역할로, 소비자는 그것을 소비하는 소극적인 역할로 보게 되는 것이죠. 그 결과, 반드시 완벽한 콘텐츠를 만들어야 한다는 압박감을 느끼게 되고 소비자는 그것을 보고 영향을 받는 수동적인 존재로 착각하게 됩니다. 이 생각을 조금만 바꾸어서 확장된 관점으로 바라보면 콘텐츠를 제작할 때 훌륭한 피드백을 얻을 수 있습니다.

자, 그러면 피드백을 받을 수 있는 가장 간단한 방법을 말씀드릴게요. 콘텐츠의 가장 마지막에 이런 질문을 넣어 보세요.

> "오늘 주제는 어땠나요?"
> "오늘 콘텐츠가 어떤 부분에서 도움이 되었나요?"
> "더 궁금한 점이 있나요?"
> "다음에는 어떤 주제로 콘텐츠를 만드는 게 좋을까요?"

이런 질문만 한 마디 추가하면 콘텐츠 소비자들의 의견을 훨씬 쉽게 들어볼 수 있습니다. 피드백을 받는 것은 대단한 절차가 필요한 일이 아닙니다. 피드백을 받겠다는 열린 마음을 가지고 상대가 답변하기 쉬운 간단한 질문만 던져도 충분합니다.

지금 제공하는 콘텐츠가 도움이 되는지, 어렵지는 않은지에 대해 콘텐츠 소비자의 솔직한 목소리를 듣다 보면 콘텐츠 제작자는 전혀 생각지도 못한 부분을 발견할 수도 있습니다. 소비자들이 정말로 궁금해하는 부분이 무엇인지, 어떤 부분이 부족하여 답답함을 느꼈는지 깨닫게 되는 것이죠.

여기서 한 걸음 더 나아가서 이런 피드백을 감사하게 생각하고 일부 피드백을 실제로 반영하는 적극적인 모습을 보이면 고객과 진짜 소통하는 느낌을 줄 수 있습니다. 팬을 만들기도 좋고 회사가 성장하는 데도 도움이 되죠.

03 : 고객의 피드백을 활용하는 실제 사례

실제로 고객의 피드백을 잘 활용하는 서비스 중 하나가 바로 '뉴닉(NEW NEEK)'입니다. 뉴닉은 국내외 이슈를 요약해서 이메일 뉴스레터를 전달하는 서비스로, 뉴스레터 콘텐츠의 끝에 오늘 뉴스레터 내용이 어땠는지 구독자들의 피드백을 요청하는 부분이 있습니다.

뉴닉은 지난 뉴스레터에서 받은 피드백 내용을 정리 및 요약해서 구독자와 공유합니다. 긍정적인 피드백도 있지만, 아쉽거나 부족한 부분에 대한 피드백도 마찬가지로 솔직하게 공개합니다. 구독자들은 이런 솔직한 태도를 보면서 좀 더 적극적으로 뉴닉에 피드백 의견을 전달하고 이 과정에서 '뉴닉'이라는 서비스에 훨씬 더 애정을 갖게 됩니다. 그리고 뉴닉은 구독자의 진솔한 피드백을 통해 시행착오를 줄이면서 더 빠르게 성장할 수 있었습니다.

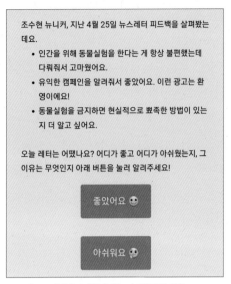

▲ 뉴닉 뉴스레터의 아래쪽에 있는 피드백 요청 버튼

기업뿐만 아니라 1인 기업가들도 건강하게 성장하려면 피드백 수렴이 꼭 필요합니다. 1인 기업으로 활동하면서 사업가들의 비주얼 브랜딩을 코칭하는 '창업 디자이너 창디' 님이 대표적인 사례입니다. 창디 님은 콘텐츠를 만들 때뿐만 아니라 자신의 유료 및 무료 상품을 경험한 고객에게도 꼼꼼하게 피드백을 받습니다. 구글폼으로 설문을 만들어서 좋았던 점과 보완하면 좋을 점을 솔직하게 적어 달라고 요청하는 것이죠. 그리고 이 피드백을 다음 상품 기획과 강의에 반영하면서 빠르게 성장했습니다.

▲ 1인 기업 창디 님의 피드백 구글폼

유료 상품을 구매한 사람에게게만 피드백을 받지 않고 다양한 사람들에게 피드백을 받는 이유가 있습니다. 유료 상품을 구매한 사람들은 대부분 제공되고 있는 콘텐츠나 무료 상품에 만족하는 사람들이므로 긍정적인 피드백에만 초점이 맞춰져 있을 수 있습니다. 그래서 이런 사람들에게는 객관적인 의견을 듣기 어려운 경우가 많습니다. 그리고 구글폼을 통해 익명으로 피드백을 받으면 누가 적었는지 공개되지 않으므로 훨씬 더 솔직한 피드백을 받을 수 있다는 장점이 있습니다.

04: 예측이 아닌 대응이 중요하다

콘텐츠를 만드는 사람들이 공통적으로 어려움을 호소하는 부분이 있습니다. 바로 사람들의 반응을 예측하기 어렵다는 것이죠. 꼼꼼히 기획하고 오랜 시간 공들여 만든 콘텐츠가 인기를 얻지 못하기도 합니다. 가끔은 상대적으로 힘을 덜 들인 콘텐츠에 더 많이 열광해서 허무함을 느끼기도 하죠.

> 💡 **comment** 심지어 예상치 못하게 혹평에 시달려 마음 고생을 하기도 하고요.

여기서 꼭 명심해야 할 한 가지 교훈이 있습니다. 처음부터 완벽하게 콘텐츠를 만들어서 세상에 내놓는 것은 불가능하다는 사실을 받아들여야 합니다. 사람들의 반응을 완벽하게 예측하는 것이 불가능하기 때문입니다. 그러므로 콘텐츠를 발행한 후에 받게 되는 소비자의 피드백이 더욱 중요합니다. 즉, '예측'이 아니라 '대응'에 집중해야 합니다.

만약 뉴닉이나 창디 님도 따로 직원을 고용하여 콘텐츠에 대한 내부 피드백만 받았다면 계속 어려움을 겪었을 것입니다. 두 사례 모두 자신의 콘텐츠를 소비하는 사람들에게 계속 질문하고 적극적으로 피드백을 받았으므로 솔직한 이야기를 들을 수 있었고, 이를 반영해서 시행착오를 줄여나갔기 때문에 빠르게 성장할 수 있었습니다.

SUMMARY

콘텐츠 생산자와 소비자를 이분법적으로 구분해버리면 완벽한 콘텐츠를 만들어 내놓아야 한다는 압박감에 시달리게 됩니다. 하지만 소비자도 콘텐츠를 생산하는 주체 중 하나로 받아들이면 긴장을 조금 풀 수 있습니다. 생산자 입장에서 부족한 부분을 드러내고 그 부분을 소비자가 채울 수 있도록 여지를 남겨 봅시다. 혼자 애쓰지 않고 소비자를 콘텐츠 피드백 전문가로 인정하면서 한 걸음씩 전진하는 모습을 보여주면 됩니다. 이 과정에서 콘텐츠 소비자는 더욱 친밀감을 느끼고 나와 내 브랜드를 좀 더 적극적으로 응원할 것입니다.

고객이 실제 가치를 느끼는
무료 자료 만들기

01 : 유료 상품으로 넘어가는 징검다리, 무료 자료

잠재 고객에게 도움이 되는 콘텐츠를 만들다 보면 점점 유료 상품을 판매하고 싶다는 생각이 들 것입니다. 특히 원래 판매하고 있던 상품이 있다면 어떻게든 상품을 소개해서 판매하고 싶은 욕심이 생기기 마련이죠. 고객에게 유용한 콘텐츠를 만들고 그 콘텐츠에서 상품을 소개하면 트래픽을 만들 수는 있지만, 생각보다 구매 전환으로 잘 연결되지 않을 거예요.

그렇다면 고객에게 도움이 되는 콘텐츠를 제공했는데도 고객은 왜 내 제품과 서비스를 흔쾌히 구매하지 않을까요? 아직 신뢰가 구축되지 않았기 때문입니다. 오랜 시간 탄탄하게 브랜드로 자리매김한 경우가 아니라면 잠재 고객은 항상 의심할 수밖에 없습니다. 고객 입장에서는 '이 사람과 이 회사를 진짜 믿을 수 있을까?', '좋은 내용을 계속 SNS에 올리는 것 같은데, 돈을 낼 만한 가치가 있을까?'라고 끊임없이 고민하는 것이 자연스러울 것입니다.

이런 상황에서 잠재 고객에게 한 단계 높은 신뢰를 얻는 좋은 방법이 바로 '무료 자료 제공'입니다. 돈을 내야 사용할 수 있는 제품이나 서비스를 직·간접적으로 경험할 수 있도록 무료 자료를 제공하는 것이죠. 피트니스센터에서 일일 체험권을 제공하거나 렌탈 제품을 일주일 동안 써볼 수 있도록 하는 것이 대표적인 무료 자료 제공의 예입니다.

모든 제품이나 서비스에 무료 자료를 제공해야 하는 것은 아닙니다. 하지만 돈을 내야만 알 수 있는 것을 무료 자료를 통해 부담 없이 경험하도록 한다면 여러 가지 이점이 생기고 고객과 신뢰를 구축하기에 매우 좋습니다.

02 : 무료 자료를 제공했을 때 얻는 이점

고객에게 무료 자료를 제공하면 다음과 같은 이점이 있습니다.

잠재 고객의 니즈를 미리 파악할 수 있다.

제품이나 서비스가 완성되지 않은 상태, 다시 말해서 출시 전 단계에서 고객에게 무료 자료를 제공하면 일종의 베타테스트를 해 볼 수 있습니다. 큰 비용이 들어가기 전에 고객의 니즈를 파악하고 이를 반영해서 더 나은 완제품을 만들 수 있죠. 예를 들어, 종이책을 출간하기 전에 일부 내용을 무료 PDF 형태로 독자들에게 제공하고 피드백을 반영하여 인쇄하는 것입니다. 만약 이 과정을 거치지 않았다면 이미 인쇄해서 큰 비용을 지불하고 난 후 뒤늦게 수정해야 합니다. 하지만 무료 자료를 제공하는 방법을 활용하여 시행착오를 줄일 수 있어요.

유료 상품 구매에 대한 심리적인 장벽을 낮출 수 있다.

자신에게 도움이 되는 콘텐츠를 보고 있는 잠재 고객에게 곧바로 돈을 내고 상품을 구매하라고 하면 부담감을 느끼고 이탈하기 마련입니다. 판매하려는 의도를 직설적으로 드러내는 것을 좋아하는 사람은 없습니다. 하지만 유료 상품의 일부를 무료 자료를 통해 경험할 수 있게 하면 고객에게 부담 없이 구입 여부를 제안하는 상황이 됩니다. 고객 입장에서는 돈을 지불하지 않아도 되므로 편하게 선택할 수 있죠. 이렇게 부담 없이 상품을 경험해 본 후에 느낌이 좋으면 그다음에는 유료로 구매할 수도 있고, 경험이 좋지 않다면 구매하지 않아도 됩니다. 구매하라고 압박한 것이 아니므로 굳이 이탈할 이유도 없습니다. 이 경우 당장은 아니어도 나중에 여유가 생기거나 상품이 정말로 필요해지면 구매로 연결되기도 합니다. 결국 장기적으로는 내 사업에 도움이 되는 방향으로 흘러가는 것이죠.

03 : 무료 자료의 가치를 만들어 내는 새로운 관점

그렇다면 무료 자료는 어떻게 만들면 좋을까요? 무료 자료라고 해도 그 자체만으로 어느 정도 가치를 가지고 있어야 합니다. 여기서 주의할 부분이 있습니다. 가치가 있어야 한다고 해서 양적으로 무언가를

 잠깐만요 | 무료 자료의 반응이 없을 때 체크해야 할 사항

무료 자료를 만들어서 배포했는데 별다른 성과를 얻지 못했다면 다음 세 가지를 체크해 보세요.

❶ 고객들이 정말 궁금해하는 내용으로 무료 자료를 만들었는가?
무료 자료를 만들 때는 명확한 근거가 필요합니다. 콘텐츠 소비자가 지속적으로 요청하거나, 해당 주제에서 반응률이 높은 것처럼요. 궁금한 내용으로 만들었는데도 반응이 없다면, 무료 자료의 양이 방대해서 사람들이 자료를 검토하지 않았을 수도 있습니다. 그러므로 그 다음 단계로 넘어가지 않는 경우도 체크해 보아야 합니다.

❷ 무료 자료의 내용과 유료 상품의 연관성이 높은가?
무료 자료와 이를 통해 판매하려는 유료 상품의 연관성이 높아야 합니다. 주제가 다르거나 다루는 내용이 다르다면 고객 입장에서는 결제가 망설여질 거예요. 주제가 같고, 유료 상품 판매 페이지로 트래픽이 발생하는데 결제가 발생하지 않는다면, 단순히 지식을 나열하는 방식으로만 전달하고 있지는 않은지, 판매 페이지가 고객의 의구심을 완벽히 해결하고 있는지도 살펴보아야 합니다.

❸ 콜투액션(Call to Action)을 하고 있는가?
무료 자료를 잘 만들었다고 해서 고객이 아는 것은 아니죠. 콘텐츠를 올릴 때마다 반복적으로 무료 자료가 있다는 것을 알려주어야 합니다. 또한 무료 자료를 통해서 그 다음 단계로 콜투액션을 연결하는 것도 강조해야 합니다.

많이 제공해야 하는 것은 아닙니다. 제공되는 서비스나 자료의 양이 적어도 잠재 고객의 핵심 문제를 파악하고 그것을 해결하는 데 직접적인 도움을 줄 수 있다면 그것만으로도 가치가 있습니다.

꾸준히 콘텐츠를 만들면서 팔로워를 키워온 사람들이라면 무료 자료 준비는 사실상 끝난 겁니다. 기존에 발행했던 콘텐츠 중 반응이 좋았던 것들만 일부 모아서 제공하기만 해도 가치 있는 무료 자료가 되기 때문입니다. 즉, 큐레이션 작업만으로도 충분히 좋은 무료 자료를 제공할 수 있습니다. 사람들의 반응이 좋았던 콘텐츠만 선별했으므로 그 자체로 양질의 자료라고 볼 수 있고, 발행된 모든 콘텐츠를 보지 않아도 되니 잠재 고객의 시간을 아껴주는 효과도 있습니다.

여기서 좀 더 신경을 쓸 수도 있습니다. 기존에 발행해 두었던 블로그 포스팅이나 콘텐츠를 전자책 형식으로 편집해서 PDF로 만들면 훌륭한 무료 자료가 됩니다. 크게 공을 들이지 않아도 유료의 느낌을 주기 좋죠. 글로 썼던 콘텐츠를 영상으로 찍어서 제공하면 좀 더 입체적으로 소비할 수 있는 콘텐츠가 됩니다. 그리고 이런 것을 무료로 제공한다면 기존의 콘텐츠를 소비하면서 도움을 받던 사람들은 기꺼이 가치 있다고 느낄 만한 자료가 됩니다.

04: 이미 공개된 콘텐츠에도 가치가 있을까?

'이미 공개된 것을 재편집한다고 해서 가치가 생길까?'라고 생각할 수도 있습니다. 그래서 '무료 자료는 가치가 있어야 한다.'라는 압박감을 가지고 많은 시간과 공을 들이면서 힘들어하는 사람들이 많아요. 무료 자료는 그 자체만으로도 가치가 있어야 하는 것은 맞습니다. 하지만 그 가치를 나 혼자만의 기준으로 정하다 보면 말도 안 되게 높은 기준을 세워놓고 혼자 끙끙 앓게 되는 경우가 많습니다. 어렵게 만든 무료 자료에 사람들이 반응을 보이지 않으면 슬럼프에 빠지기도 하고요.

한 번 천천히 생각해 보세요. 시중에 나와 있는 베스트셀러 책 중에는 이미 블로그나 브런치, 인스타그램에 공개했던 내용을 엮은 책들이 정말 많습니다. 이미 공개된 콘텐츠이지만, 추가 편집을 통해서 가치를 얻고 심지어 유료로 판매까지 됩니다. 만약 이미 공개된 콘텐츠는 가치가 없고 이것을 정리해서 전달하는 것을 사람들이 원하지 않는다면 이런 베스트셀러의 높은 판매량을 설명할 수 없을 것입니다.

▲ 무료 콘텐츠 전략으로 크게 성공한 책, 《세이노의 가르침》

2023년 초에 출간되어 종합 베스트셀러 1위를 달성한 책, 《세이노의 가르침》(데이원 출간)이 대표적인 사례입니다. 이 책의 내용은 약 20년 전부터 이미 문서 파일로 인터넷에 공개되어 있었습니다. 게다가 종이책으로 출간된 이후에는 그 내용을 PDF로 제작하여 무료로 다운로드할 수 있게 했습니다. 그럼에도 불구하고 압도적으로 많은 종이책이 팔리면서 베스트셀러 상위권을 유지하고 있습니다. 이미 공개된 것은 가치가 없다는 논리라면 이 책은 팔리지 않았어야 했지만, 결과는 그렇지 않았습니다. 책의 내용을 다 아는 사람도 제본된 책을 소장할 수 있다는 이유 하나만으로 돈을 지불하는 것입니다.

이와 같이 기존의 콘텐츠를 재구성하여 무료 자료를 만들면 들이는 노력과 시간 대비 높은 효율성을 만들어 낼 수 있습니다. 독자 입장에서는 온라인에 있는 자료를 일일이 찾아볼 필요 없이 정제된 내용을 손에 들고 다니면서 편하게 볼 수 있고 소장할 수 있다는 것만으로도 가치를 느끼면서 기꺼이 돈을 지불하는 것입니다.

05 : 전체가 항상 부분보다 가치 있는 것은 아니다

무료 자료를 만드는 방법은 많습니다. 덩어리로 있는 것을 쪼개서 일부만 제공하는 것도 하나의 방법입니다. 예를 들어, 책 내용 중 일부만 정리해서 무료 자료를 만들 수 있습니다. 이 책의 공동 저자인 신태순 작가의 책 《게으르지만 콘텐츠로 돈은 잘 법니다》도 이런 형태로 무료 자료를 만들었습니다. 언뜻 생각하면 '이미 책으로 다 나와 있고 서점에 가면 언제든지 무료로 볼 수 있는 내용인데, 군이 일부 내용을 받아볼 가치가 있을까?'라고 생각할 수도 있습니다. 하지만 실제로는 거의 1만 명이 이 자료를 받아보았습니다. 이렇게 무료로 받아본 후 흥미를 느낀 사람들이 실제로 종이책을 많이 구매했답니다.

여기서 하나 생각해 볼 것이 있어요. 항상 전체가 부분보다 더 가치 있다고 할 수 있을까요? 라이브 영상을 본다고 생각해 봅시다. 하나의 라이브 영상 전체를 다시 본다면 몇 시간이 걸릴 수도 있습니다. 라이브 영상의 특성상 소통을 많이 하다 보니 삼천포로 빠지는 내용도 많습니다. 즉, 핵심만 빠르게 듣고 싶은 사람에게는 오히려 긴 라이브 영상이 비효율적입니다. 이때 라이브 영상에서 핵심만 뽑아서 편집한 영상은 짧은 시간 안에 시청할 수 있으므로 훨씬 더 가치가 있다고 볼 수 있어요.

> 💡 **comment** 또 다른 예시로, 아이돌 가수의 무대 영상에서 멤버 전체를 찍은 영상보다 멤버 한 명만 동선을 따라 찍은 개인 직캠 영상이 조회 수가 더 높은 경우도 많습니다. 모든 것을 담으려고 할 때보다 초점을 명확하게 맞출 때 사람들은 더 가치를 느끼기도 합니다.

> **comment**
> 이런 방식은 얼마든지 응용할 수 있습니다. 이미 발행한 유튜브 영상이나 인스타그램 라이브 영상을 편집해서 새로운 콘텐츠를 만드는 것이 대표적인 예입니다.

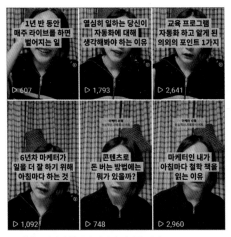

▲ 라이브 영상의 핵심만 잘라서 편집한 영상

더 길고, 더 많은 내용을 담고 있다고 해서 모두가 더 많은 가치를 느끼는 것은 절대 아니라는 사실을 기억해 주세요. 가치 있는 무료 자료를 만들 때 이 사실을 염두에 두고 있다가 적용해 보세요. 그러면 차별화된 무료 자료를 만들 수 있습니다. 무조건 무언가를 더하고, 더 많이 줄 때가 아니라 오히려 특정 포인트에 집중하고 군더더기를 덜어낼 때 자료의 가치가 더 빛날 수 있다는 것을 다른 경쟁자들은 대부분 놓치고 있을 테니까요.

SUMMARY

이미 공개된 내용이라고 해도 어떻게 가공하는지에 따라 전혀 새로운 가치를 만들어 낼 수 있습니다. 내용을 덜어낼수록 오히려 더 큰 가치를 담을 수 있다는 사실을 받아들인다면 좀 더 가벼운 마음으로 무료 자료를 만들게 될 것입니다. 마지막으로 무료 자료를 공개했는데도 반응이 없어서 서운했다면 하나의 팁을 추가로 제시할게요. 가치를 만들어 내는 방식은 다양합니다. 단순히 무료 자료를 제공하는 것에서 그치지 않고 그 과정에서 새로운 방식으로 얼마든지 가치를 만들어 낼 수 있습니다. 만약 무료 자료를 만드는 과정을 일부 공개하거나 그 과정에서 겪는 어려움을 SNS에 업로드 하면 어떨까요? 무료 자료에 대한 궁금증은 생기는데 지금 당장 볼 수 없으므로 그 기대감을 기반으로 앞으로 공개될 자료의 가치가 더 올라가기도 합니다.
깜짝 공개를 통해서 반응을 얻지 못했다면 이 방법으로 전에 없던 반응을 이끌어낼 수 있습니다. 물론 이 책을 읽고 너무 많은 사람이 같은 방식으로 홍보하면 효과가 떨어질 수도 있지만, 그때는 또 다른 창의적인 방법을 고민하고 나눌 수 있는 기회를 만들어 보겠습니다.

소액이라도 돈 벌게 해 주는
MVP 상품 기획하기

01 : 수익화 경험을 더욱 앞당겨 주는 상품, MVP

지금 바로 콘텐츠 제작을 시작해도 이 콘텐츠가 본격적으로 사업에 도움이 되기까지는 생각보다 긴 시간이 걸립니다. 특히 상품과 명확한 주제가 없다면 주제를 정하고 관련된 상품을 기획하는 데 추가로 시간이 더 필요하죠. 판매 중인 상품이 있다면 어떻게 상업적인 느낌을 뺄지, 그러면서 동시에 구매로 전환하기 위한 의도를 어떻게 전달할지 고민하면서 어려움을 겪습니다.

지금까지 코칭한 사람들 중에는 고가의 상품을 판매하려는 사람들이 꽤 많았습니다. 이런 분들은 특히 콘텐츠 제작이 고가의 상품 판매로 직결될 수 있는지 의문을 가지고 있었어요. '고가의 제품과 서비스'를 바로 팔아야 한다는 프레임에 갇히면 콘텐츠를 활용해서 돈을 버는 것은 더욱 요원한 일이 됩니다.

이러한 문제는 내 제품과 서비스를 구매할 만한 잠재 고객에게 필요한 더 저렴한 상품을 기획해서 판매하면 해결됩니다. 고가의 제품이 판매될 때까지 기다리는 것이 아니라 그 전 단계에 가볍게 구매할 수 있는 제품을 기획해서 판매하고 수익화 경험을 좀 더 빠르게 앞당기는 것인데, 보통 이런 제품을 'MVP'라고 부릅니다. MVP란, '최소 기능 상품(Minimum Viable Product)'이라는 뜻으로, 이전에는 주로 '맛보기 상품'이라고 표현했어요. 자, 그러면 실제 사례를 통해 MVP에 대해 좀 더 자세히 살펴볼까요?

comment

MVP는 91쪽에서 설명한 '가치 있는 무료 자료'의 연장선에 해당합니다. 무료 자료를 만든 후 돈을 받고 팔고 싶다고 마음을 바꾸면 그게 곧 MVP가 될 수 있습니다.

MVP 상품의 사례

100만 원 정도 되는 교육 상품을 판매하려는 사업가가 있었습니다. 퀄리티 높은 교육 상품을 만들기 위해서 비용도 많이 지출했고, 교육에 들어가는 제품이 있다 보니 고객 한 명당 이 정도 금액을 받고 교육을 진행하는 것이 일리가 있었습니다. 하지만 콘텐츠를 제작하면서 잠재 고객과 신뢰를 쌓는다고 해도 TV에 나올 정도로 유명하지는 않았으므로 100만 원이라는 거금을 선뜻 지불하는 사람은 적었습니다. 고객의 입장에서는 고가의 상품인 만큼 교육의 퀄리티를 믿을 수 있는지, 이 교육 상품이 정말 나에게 도움이 되는지 굉장히 꼼꼼하게 따져보기 때문에 그만큼 구매로 전환될 확률도 줄어들 수밖에 없습니다.

하지만 1~2만 원 정도의 상품이라면 어떨까요? 이 정도 가격이라면 평소에 내 채널의 콘텐츠를 보면서 정보를 얻던 잠재 고객이 기꺼이 지불할 만합니다. 이와 같이 부담 없이 구매할 수 있는 금액대의 상품이 바로 MVP입니다. 가벼운 마음으로 MVP 상품을 구매한 고객은 해당 상품이 만족스러우면 자연스럽게 고가의 메인 상품에도 관심을 갖게 됩니다.

02: MVP 상품의 종류

MVP 상품의 형태는 매우 다양합니다. 내가 판매하는 메인 상품으로 넘어가기 전에 고객의 문제를 해결해 주고 신뢰를 줄 수만 있다면 무엇이든지 MVP 상품이 되기 때문입니다.

PDF 전자책

최근 지식 창업을 하는 사람들이 많이 활용하는 MVP는 PDF 형태의 전자책입니다. 이 책의 공동 저자인 신태순 작가는 2011년부터 전자책을 판매했고, 2013년부터는 사업가들을 코칭하면서 전자책을 MVP로 판매하도록 교육해 왔습니다. 전자책을 1만 원에 판매하고 이 책을 구매한 사람에게 코칭권을 추가로 판매하는 식으로 수익을 만들었는데, 현재 지식 창업하는 사람들은 대부분 이 방식으로 큰 수익을 창출하고 있어요.

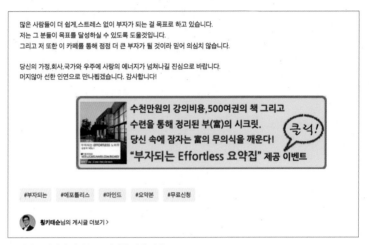

▲ 신태순 작가의 과거 PDF 전자책 판매 사례

10만 원, 100만 원 하는 코칭 비용을 바로 지불하라고 하면 대부분의 고객은 부담감을 느끼고 이탈합니다. 하지만 1만 원 정도의 전자책은 부담이 훨씬 적습니다. 전자책을 구매한 고객에게 질문을 받으면서 추가적인 서비스를 제공하면 자연스럽게 그다음 스텝인 코칭 판매가 훨씬 수월해집니다. MVP 상품을 부담 없이 구매한 후 만족하면 그다음 상품에 대한 기대감이 생기고 추가 금액을 지불할 가치를 느끼게 되기 때문입니다.

원포인트 레슨

꼭 전자책 같은 파일 형태가 아니어도 됩니다. 원포인트 레슨을 판매하는 것도 MVP 판매에 해당합니다. 이번에는 한 보컬 트레이너의 사례를 살펴보겠습니다. 이 트레이너는 평소에 보컬 트레이닝과 관련된 영상을 꾸준히 업로드하면서 영상 시청자들에게 노래 잘 부르는 방법을 담은 PDF를 무료로 제공하고 시청자의 DB를 확보했습니다.

그다음에는 MVP 상품으로 원포인트 레슨을 제공했습니다. 본격적으로 보컬 트레이닝을 받으려면 일정도 따로 빼야 하고 레슨 금액도 부담이 됩니다. 하지만 몇만 원이면 들을 수 있고 하루만 시간을 내면 되는 원포인트 레슨이라면 해 주는 사람도, 받는 사람도 크게 부담스럽지 않습니다.

원포인트 레슨을 받고 만족한 고객들은 해당 트레이너에게서 본격적인 보컬 트레이닝 상품을 구입합니다. 다른 트레이너가 아닌 원포인트 레슨을 한 트레이너에게 계속 코칭을 받는 것이 자연스럽기 때문이죠. 이 트레이너는 무료 PDF로 고객 DB를 확보했고 원포인트 레슨을 통해 부담 없이 상품을 체험한 고객까지 만들었습니다. 그리고 이후 장기적으로 트레이닝을 받는 고객들이 생기면서 자연스럽게 고가의 코칭 프로그램까지 판매하고 있습니다.

▲ 원포인트 레슨을 통해 수익화에 성공한 보컬 트레이너의 사례

몇 가지 사례를 살펴보니 좀 더 감이 오나요? MVP 상품은 이전에 없던 특별한 것을 새로 만드는 것이 아니라 이미 제작한 콘텐츠와 기존에 판매했던 상품을 쪼개거나 변형하여 기획할 수 있는 상품입니다.

03: 무료 자료와 유료 상품의 경계 찾기

현장에서 콘텐츠로 사업하는 사람들을 만나다 보면 무료로 제공할 것과 유료로 판매할 것의 경계에 대해 많이 고민합니다. 어디까지 무료로 제공해야 하는지, 또 유료로 판매하려면 어떤 기준을 만족해야 할지 사실 무척 애매합니다.

91쪽의 무료 자료 이야기와 이번 섹션의 MVP 사례를 보면서 느꼈겠지만, 무료 자료와 유료 자료의 명확한 경계는 없습니다. 심지어 내용이 똑같은 강의라도 특정한 시간에 라이브로 참여하면 무료이지만, 그 시간에 참여하지 못해서 다시 보려면 유료로 결제하는 경우도 흔합니다. 같은 제품인데도 무료였다가 유료로 바뀌는 것입니다. 즉, 무료 자료와 유료 상품의 기준은 이를 받아들이고 비용을 지불하는 고객에게 달려있는 것이죠.

전자책이든, 원포인트 레슨이든, 혹은 그 외의 MVP 상품이든, 고객에게 비용을 지불하라고 설득하기 위한 안내 페이지가 필요합니다. 그래야 SNS 콘텐츠를 보다가 안내 페이지로 넘어와서 MVP 상품에 대한 설명을 읽어보고 구매하는 단계까지 가게 되니까요.

만약 홈페이지를 제작하고 구매 안내 페이지를 만드는 것이 부담스럽다면 플랫폼을 이용하는 것도 좋은 방법입니다. '재능 마켓'이나 '콘텐츠 판매'와 같은 키워드로 검색하면 다양한 종류의 플랫폼이 나오니, 그중 내 상품과 잘 맞는 곳을 선택하면 됩니다. 판매 과정이 원활하게 돌아가려면 안내 페이지 외에 CS에도 신경을 많이 써야 합니다. 예를 들어, 전자책을 구매한 고객에게는 전자책을 잘 받도록 안내해야 하고 고객이 궁금한 것을 질문했을 때 응답도 잘해야 합니다. 콘텐츠를 만들고, 홈페이지도 구축하며, MVP 상품도 팔고, CS까지 전부 다 혼자서 커버하려면 감당하기가 어렵겠죠?

이 경우 MVP를 쉽게 판매할 수 있는 플랫폼을 이용하면 이런 과정의 상당 부분을 플랫폼에서 진행해 줍니다. 이렇게 절약한 시간과 노력을 콘텐츠와 MVP 제품 제작에 투자하면 됩니다. 그리고 해당 플랫폼에는 내 잠재 고객들이 이미 결제하기 위해 기다리고 있는 경우가 많아서 상대적으로 후기를 받기도 쉽죠. 후기가 자동으로 세일즈 페이지에 노출되므로 추가로 많이 관리하지 않아도 MVP 제품이 연이어 판매될 가능성이 매우 높습니다.

04: MVP 상품 판매 프로세스

마지막으로 MVP 상품을 판매하기 위한 프로세스를 정리해 볼게요.

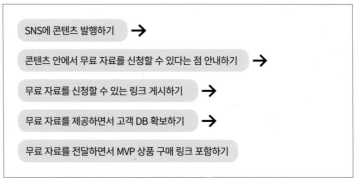

▲ MVP 상품 판매 프로세스

먼저 SNS에 콘텐츠를 발행합니다. 이 콘텐츠는 나의 타깃 고객에게 도움이 될 만한 콘텐츠입니다. 콘텐츠를 발행하면서 무료 자료를 신청할 수 있다는 점을 안내하고 신청할 수 있는 링크도 함께 게시합니다. 만약 인스타그램이라면 각 콘텐츠에 '무료 자료는 프로필 링크에서 신청하세요.'라는 안내를 덧붙이는 것이죠.

무료 자료를 제공하면서 잠재 고객의 DB를 확보할 수 있습니다. 잠재 고객의 정보를 알아야 자료를 전달할 수 있기 때문이죠. 무료 자료를 전달하면서 자료 안에 MVP 상품을 구매할 수 있는 링크를 포함합니다. 부담 없이 MVP 상품을 구매한 고객이 만족감을 느끼면 메인 상품에 대한 기대감도 함께 높아지면서 자연스럽게 메인 상품에 대해 궁금한 부분을 질문할 것입니다. 답변을 통해 의구심이 해소되면 최종적으로 메인 제품을 구매하게 됩니다.

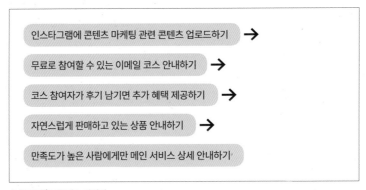

▲ '순간랩' 프로세스 이미지

콘텐츠 사업가 커뮤니티인 순간랩(soonganlab.com)도 이러한 프로세스를 거치고 있습니다. 먼저 인스타그램에서 콘텐츠 마케팅과 관련된 내용을 전달하고 무료로 참여할 수 있는 이메일 코스를 안내합니다. 해당 코스에 참여한 사람들이 후기를 남기면 추가로 혜택을 제공하는데, 이 과정에서 자연스럽게 판매하고 있는 상품을 안내합니다. 여기서 중요한 포인트는, 직접적으로 구매를 유도하는 이야기는 절대하지 않는다는 것입니다. 부담 없이 무료로 참여하거나 상대적으로 저렴하게 결제할 수 있는 것 위주로만 안내합니다. 이 모든 단계를 거치면서 만족도가 높은 사람에게만 최종 단계인 고가의 메인 서비스에 대해 상세하게 안내하고 질문과 답변을 주고받습니다. 그렇지 않은 사람에게는 메인 서비스의 구체적인 내용을 알려주지도 않고 구매를 권하지도 않습니다.

💡 **comment**   실제로 '순간랩' 커뮤니티에 방문해서 직접 확인해도 좋습니다.

SUMMARY

고가의 상품을 판매하는 경우 콘텐츠에서 노골적으로 구매를 종용하거나 급하게 세일즈를 하면 반드시 역효과가 발생합니다. 거부감을 느낀 고객이 회사나 상품에 불쾌감을 느끼기 쉽고 얼떨결에 구매해도 만족스럽지 않으면 지속적으로 컴플레인이 발생합니다. 이렇게 될 경우 서비스를 지속적으로 운영하는 데 큰 걸림돌이 되어 결국 악순환에 빠질 확률이 높아지죠.

지금까지 이 책에서 설명한 것처럼 콘텐츠를 기반으로 만든 무료 자료와 MVP 상품부터 부담 없이 접할 수 있도록 안내하는 것이 가장 좋습니다. 이 모든 과정을 거쳐 고객이 스스로 상품을 선택하게 했을 때 비로소 선순환 구조로 수익이 만들어지고 사업의 지속성을 확보할 수 있습니다.

PART 4

간단한 홈페이지 세팅부터
트래픽 모으기까지!

Section 01

초간단 워드프레스 홈페이지 만들기

01 : 워드프레스가 무엇인가요?

PART 3에서는 자동화 마케팅의 기반이 되는 콘텐츠 제작법을 설명했습니다. 콘텐츠를 만들었다면 이것을 제대로 담을 그릇이 필요하겠죠? 이번에는 워드프레스 홈페이지를 만들고 자동화에 필요한 기본적인 사항을 설정해 보겠습니다. 기존에 홈페이지를 제작해 보았거나 관심이 있다면 좀 더 수월하겠지만, 경험이 없어도 최대한 쉽게 따라 할 수 있게 설명하겠습니다.

홈페이지 제작에 관심이 있다면 '아임웹'이나 'WIX'라는 서비스를 들어보았을 겁니다. 이들 모두 코딩을 할 줄 몰라도 쉽게 홈페이지를 제작할 수 있는 툴로, 점점 더 기능이 고급화되고 있어요. 하지만 워드프레스를 이용하면 좀 더 다양한 기능을 활용할 수 있을 뿐만 아니라 다른 프로그램과 연결해서 자동화를 구현하기에 좋습니다. 특히 편리하게 구글 SEO 최적화를 할 수 있으므로 이 책에서는 워드프레스로 홈페이지 만드는 방법을 살펴보겠습니다.

 잠깐만요 | 워드프레스란?

워드프레스(Wordpress)란, 홈페이지를 좀 더 쉽게 만들 수 있게 해 주는 프로그램입니다. 2023년 2월 기준 전 세계 홈페이지의 40% 이상이 워드프레스 프로그램으로 제작되었고 국내에서는 워드프레스를 이용해서 만든 홈페이지가 약 5만 개 정도입니다. 이와 같이 워드프레스는 전 세계적으로 널리 이용되고 있는 홈페이지 제작 프로그램입니다.

본격적으로 홈페이지 제작을 시작하기 전에 이 책을 보고 워드프레스를 처음 알게 되었거나, 홈페이지 제작에 도전하기로 결심한 독자 여러분에게 당부하고 싶은 말이 있습니다. 처음부터 모든 것을 완벽하게 익히지 않아도 된다는 것입니다. 워드프레스 홈페이지는 추가할 수 있는 기능이 정말 많아서 한 번 홈페이지를 만들기 시작하면 새로 배울 부분이 끝없이 계속 생깁니다. 배우다 보면 신기하고 좋아 보이는 기능을 추가하고 싶은 마음도 계속 들고요.

하지만 홈페이지를 구현하기 위해 굳이 모든 기능을 다 배워야 할 필요는 없습니다. 이것은 워드프레스 홈페이지를 몇 년 동안 다루면서 깨달은 사실로, 이 책에서 설명하는 최소한의 설정만 할 수 있어도 워드프레스 홈페이지를 만들어서 자동화에 필요한 기능을 이용할 수 있습니다. 만약 워드프레스의 기능을 완벽하게 다 알고 시작하려면 결국 시작만 늦어질 뿐입니다. 일단 어설프게라도 시작하고 나서 필요한 기능을 검색해 보고 천천히 배우면서 업그레이드해도 늦지 않다는 점을 꼭 당부합니다.

💡 **comment** 이 책을 통해 한 명이라도 더 도전하고 그 도전으로 좋은 성과를 얻기 바랍니다.

02 : 홈페이지의 첫 단추, 도메인과 호스팅 설정하기

홈페이지를 만들려면 먼저 도메인과 호스팅을 설정해야 합니다. 도메인은 홈페이지의 주소를, 호스팅은 온라인의 저장 공간을 의미합니다. 집으로 비유하자면 도메인은 집 주소, 호스팅은 실제 집 공간이라고 보면 됩니다.

호스팅 서비스를 구매하면 기본 도메인이 생성되지만, 내가 원하는 주소로 접속하려면 도메인을 별도로 구매해야 합니다. 도메인과 호스팅을 한 업체에서 구매하면 편리하게 관리할 수도 있고 궁금한 내용이나 문제가 발생했을 때 CS를 받기 쉽다는 장점도 있습니다. 물론 다양하게 테스트해 보면서 더 편한 곳이나 더 저렴한 곳을 찾아도 됩니다. 하지만 초보자의 입장에서는 어려운 점을 편하게 물어볼 수 있다는 것이 정말 중요하므로 도메인과 호스팅을 한 곳에서 진행하는 것을 추천합니다.

국내에서 워드프레스가 설치된 호스팅 서비스와 도메인을 한 번에 구매할 수 있는 업체는 카페24(www.cafe24.com), 닷홈(www.dothome.co.kr), 가비아(www.gabia.com) 같은 곳들이 있습니다. 요즘은 대부분 워드프레스를 한 번에 설치할 수 있는 서비스가 잘 구축되어 있어서 진행 과정은 큰 차이가 없으므로 이 책에서는 카페24를 기준으로 설명하겠습니다.

> 🎩 **comment** 이 외에도 대표적인 해외 도메인 업체에는 Namecheap(www.namecheap.com)과 godaddy(www.godaddy.com)가 있고 호스팅으로 유명한 업체에는 WPX(wpx.net), A2 hosting(www.a2hosting.com)이 있습니다. 해외 업체는 이용 가격이 좀 더 저렴하거나 해외 노출에 유리한 부분이 있습니다. 하지만 해외 서비스여서 문제가 발생했을 때 문의하고 대응하는 데 언어적인 장벽이 있습니다. 그리고 국내에서 구글뿐만 아니라 네이버 검색 노출까지 생각한다면 국내 호스팅 업체를 주로 추천합니다.

> 🎩 **comment** 이 책에서 설명하는 툴들은 정기적으로 업데이트를 하기 때문에 디테일한 설정 부분이나 화면 구성이 책에 나와 있는 설명과 달라질 수 있습니다. 이런 경우 개별 툴의 공식 홈페이지에 문의를 남기면 해결이 가능합니다.

+ 무작정 따라하기 + **카페24의 '매니지드 워드프레스' 서비스 구매하기**

1 카페24의 '매니지드 워드프레스' 서비스를 구매하면 워드프레스가 설치된 상태에서 홈페이지 제작을 시작할 수 있습니다. 이 서비스를 구입하려면 우선 카페24 호스팅 센터에 회원 가입을 해야 합니다.

2 카페24 호스팅 서비스에서 [도메인] 카테고리를 선택하고 도메인 검색 창에 사용하고 싶은 도메인을 검색한 후 구매를 진행합니다. 만약 마음에 드는 주소가 당장 생각나지 않는다면 다음 단계를 먼저 진행해도 됩니다. 호스팅만 먼저 설정해 두고 도메인은 나중에 구입해서 연결할 수 있으니까요.

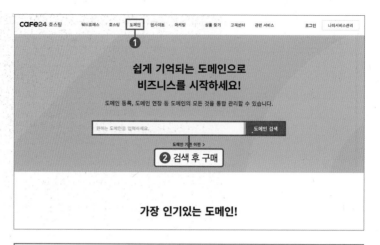

3 호스팅 상품은 워드프레스를 바로 설치해 주는 '매니지드 워드프레스'를 구매합니다. 도메인과 마찬가지로 카페24 호스팅 서비스에서 [워드프레스]-[매니지드 워드프레스]를 선택하고 [신청하기]를 클릭하세요.

4 가격과 기능이 안내되어 있는 페이지가 나오면 적당한 옵션을 선택합니다.

스타트업	빌드업	비즈니스	스케일업
500원/월	1,100원/월	5,500원/월	33,000원/월
소규모의 웹사이트에 이상적	전문 웹사이트	성장 단계의 비즈니스	무제한 총량제, 무중단 서비스
신청하기	신청하기	신청하기	신청하기
✓ 500MB 웹호스팅	✓ 1GB 웹호스팅	✓ 3GB 웹호스팅	✓ 10GB 웹호스팅
✓ 800MB 트래픽 용량	✓ 1.5GB 트래픽 용량	✓ 3.5GB 트래픽 용량	✓ 500GB/월 트래픽 용량
✓ 무제한 데이터베이스	✓ 무제한 데이터베이스	✓ 무제한 데이터베이스	✓ 무제한 데이터베이스
✓ 무료 SSL 인증서	✓ 무료 SSL 인증서	✓ 무료 SSL 인증서	✓ 무료 SSL 인증서
✓ 무료 스테이징 계정	✓ 무료 스테이징 계정	✓ 무료 스테이징 계정	✓ 무료 스테이징 계정
✓ 자동 백업	✓ 자동 백업	✓ 자동 백업	✓ 자동 백업
✓ 1개 도메인 추가 연결	✓ 2개 도메인 추가 연결	✓ 5개 도메인 추가 연결	✓ 20개 도메인 추가 연결

· 스케일업은 기본 트래픽 초과 사용 시 추가 트래픽 요금이 발생합니다.

comment 매니지드 워드프레스는 다양한 가격대의 상품이 준비되어 있습니다. 나중에 사양을 업그레이드할 수 있으므로 처음에는 저렴한 사양을 선택해도 괜찮습니다.

5 호스팅 서비스용 아이디와 비밀번호는 카페24 아이디와는 별도로 워드프레스 홈페이지 관리 화면에 접속할 때 필요한 정보이므로 각각 설정합니다. '회원 정보'의 '신청 아이디'는 워드프레스 홈페이지에 접속할 때 사용하는 아이디이고 '관리자 정보'의 'FTP,SSH,DB 비밀번호'는 워드프레스 홈페이지에 접속할 때 사용하는 비밀번호입니다.

회원 정보 (필수)	
• 신청 아이디	영문/숫자 조합으로 4자리~16자리
• 비밀번호	암호 보안수준
• 비밀번호확인	
• 이름	조 수 현

관리자 정보	☐ 회원정보와 동일
• FTP,SSH,DB 비밀번호	영문/숫자/특수문자 조합으로 8자리~16자리
	암호 보안수준 ● 비밀번호 도움말
• 관리자 이름	
• 관리자 이메일	@
• 관리자 휴대폰	- -
• 관리자 유선전화	- -

6 결제를 모두 완료한 후 5분 정도 기다리면 워드프레스 설치가 완료됩니다. 주소 표시줄에 **2** 과정에서 구매했던 도메인 주소를 입력하면 해당 주소에 워드프레스가 설치된 것을 확인할 수 있습니다. 이제 워드프레스 대시보드(관리 화면)에 접속해서 다양한 플러그인을 설치하고, 글을 작성하며, 대부분의 업무를 커버할 수 있습니다.

▲ 워드프레스 대시보드

💡 **comment** 도메인을 별도로 구매하지 않은 경우 '카페24 아이디.cafe24.com' 주소로 접속하면 호스팅 설정이 완료된 것을 확인할 수 있습니다.

 SUMMARY

홈페이지 제작이 낯설다면 여기까지 따라오는 것만으로도 무척 어렵게 느껴질 거예요. 생각처럼 잘 진행되지 않는다면 카페24에 문의해서 도움을 받을 수 있습니다. 언어 장벽 없이 편리하게 전문가의 도움을 받을 수 있으므로 초보자라면 해외보다 비싼 가격이어도 국내 서비스를 선택하는 것을 추천합니다. 또한 워드프레스의 경우 처음에 한 번 설정하고 지속적으로 신경 써서 업데이트만 해 주면 나중에 추가로 관리할 부분이 많지 않으므로 너무 걱정하지 않아도 됩니다.
이 책을 통해 진행 방법을 어느 정도 이해한 상태에서 책 없이 직접 도전해 보고 싶다면 구글에서 '카페24 매니지드 워드프레스'라고 검색해 보세요. 검색 결과 중 첫 번째 페이지에 있는 글을 통해서 상세한 설명을 확인할 수 있습니다.

최소한으로 워드프레스 홈페이지 세팅하기

도메인과 호스팅을 모두 설치했으면 이제는 워드프레스 사용에 필요한 최소한의 기본 설정을 해 볼게요. 이 책에서 말하는 기본적인 자동화, 즉 잠재 고객 DB 확보 및 메일 발송은 워드프레스 홈페이지에서 최소한의 설정만 해도 충분히 구현할 수 있습니다. 물론 SEO(검색 엔진 최적화)를 더 신경 쓰고 싶거나 더 많은 기능을 구현하고 싶다면 추가로 해야 할 일이 생깁니다.

여기서 이 모든 것을 다 알고 완벽하게 만들 필요가 전혀 없다는 점을 다시 한번 더 강조할게요. 일단 이 책에서 설명하는 대로 기본적인 사항을 한 번 설정하면 어떻게 해야 원하는 기능을 추가 및 설정할 수 있는지 알아가는 과정이 훨씬 더 수월해집니다. 일단 대충이라도 만들고 나서 나중에 추가 및 보완을 하는 방식으로 제작해 보아야 금방 익숙해집니다.

💡 **comment** 이렇게 최소한의 기능부터 구현하고 그다음 부족한 부분을 보완해가는 방식으로 도전해야 높은 효율성으로 홈페이지를 구현하면서 성취감도 더 빠르게 느낄 수 있어요.

자, 그렇다면 본격적으로 워드프레스 대시보드에서 기본 설정을 해 볼게요. 설정 순서는 각자 다를 수 있지만, 여기서는 핵심적인 이야기만 짚고 넘어가겠습니다.

STEP 1 +
SSL 설정하기

홈페이지 주소 앞에 붙어있는 http와 https의 차이를 아나요? http 와 달리 https는 홈페이지에 보안이 적용되었다는 것을 의미합니다. 이런 보안이 적용되어 있어야 구글의 검색 노출 로직에서 신뢰할 수 있는 페이지로 인식합니다. 그러므로 검색 엔진 최적화(SEO)를 원한 다면 https로 지정하는 것은 필수 작업입니다. 처음 도메인과 호스팅 설정을 마치면 주소 앞에 http가 붙어있는데, SSL 인증서를 이용하 면 https로 변경할 수 있습니다.

1 워드프레스 대시보드의 왼쪽 메뉴에서 [설정]을 선택합니다. '워 드프레스 주소 (URL)'에서 주소 앞에 http라고 나와 있는데, 이 부분 을 https로 변경해 볼게요.

2 카페24 매니지드 워드프레스 서비스를 이용하면 SSL 인증서를 무료로 발급받을 수 있습니다. 카페24 호스팅 서비스에 로그인한 후 오른쪽 위에 있는 [나의서비스관리]를 클릭합니다. 화면의 맨 아래쪽 에서 '도메인 연결관리'의 [도메인 추가 연결 및 관리]를 클릭하세요.

3 도메인을 구매했으면 '추가 설정된 도메인'에 구매한 도메인이 표시되는데, 여기서 안내에 따라 SSL 인증서를 설치할 수 있습니다. 설치 과정에서 궁금한 점이 있다면 카페24 호스팅 서비스 페이지의 오른쪽 아래에 있는 챗봇을 통해 문의할 수 있어요.

STEP 2 +
고유 주소 설정하기

고유 주소는 홈페이지를 구성하는 페이지나 글의 주소로, 어떤 방식으로 나타낼지 설정할 수 있습니다. 텍스트 없이 숫자로만 되어 있는 URL 주소가 종종 있는데, 숫자로 된 고유 주소는 검색 노출에 유리하지 않습니다. 또한 글 제목은 URL 주소에 들어가는 방식으로 설정해야 외부에 글을 공유하거나 검색 결과에 나올 때 클릭이 발생할 확률이 높아지므로 이 점을 고려하여 설정해 볼게요.

1 워드프레스 대시보드에서 [설정]-[고유주소]를 선택합니다. '고유주소 구조'에서 '글 이름'을 선택하고 [변경사항 저장]을 클릭합니다.

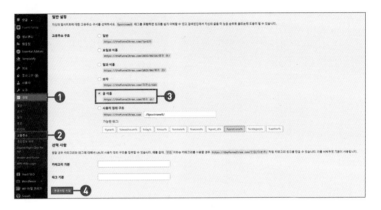

STEP 3 +
테마 설정하기

테마는 홈페이지의 배경으로, 테마를 설정하여 홈페이지의 전체적인 형태를 구성할 수 있어요. 유료 테마를 구입하여 사용할 수도 있지만, 요즘은 양질의 무료 테마가 많으므로 이것을 활용해도 좋습니다. 여기서는 '아스트라'라는 무료 테마를 이용해 볼게요.

> 💡 **comment** '아스트라' 테마는 용량이 크지 않고 검색 노출에 유리하다고 알려져 있습니다.

1 워드프레스 대시보드에서 [외모]-[테마]를 선택합니다. 테마 추가 화면이 열리면 [astra]를 검색하고 다운로드하세요.

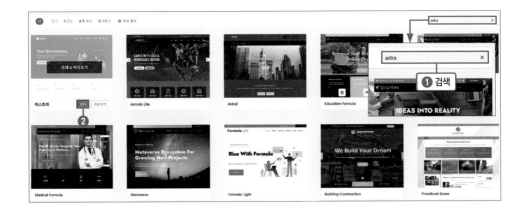

2 다운로드한 테마에서 [활성화]를 클릭합니다.

💡 **comment** 워드프레스 테마는 다운로드한 후 반드시 활성화해야 사용할 수 있습니다. 다운로드했는데도 홈페이지에 적용되지 않는다면 활성화되어 있는지 확인해 보세요. 반대로 테마를 바꾸거나 삭제하려면 기존 테마를 비활성화해야 합니다.

STEP 4 +
엘리멘터 플러그인
설치하기

플러그인(plug-in)은 스마트폰으로 생각하면 어플리케이션(앱)에 해당합니다. 원하는 기능의 플러그인을 다운로드해서 적용하면 내 워드프레스 홈페이지에서 해당 기능을 쉽게 구현할 수 있어요. 테마와 마찬가지로 필요한 플러그인을 검색하여 설치한 후 활성화하면 됩니다. 여기서는 '엘리멘터'라는 플러그인을 설치해 볼게요. 엘리멘터는 '홈페이지 빌딩' 또는 '에디터 프로그램'이라고 부릅니다. 홈페이지를 좀 더 쉽게 만들 수 있도록 사용자에게 유용한 기능을 별도로 구현해서 템플 릿처럼 넣어둔 플러그인이죠. 워드프레스 기본 에디터도 있지만, 엘리 멘터를 활용하면 콘텐츠를 좀 더 편리하게 제작 및 수정할 수 있습니다.

💡 **comment** 엘리멘터는 유료 버전과 무료 버전이 있으므로 무료로 먼저 사용해 보고 추가 기능이 필요할 경우에 유료로 구매해도 충분합니다.

1 워드프레스 대시보드에서 [플러그인]을 선택하고 화면 위쪽에 있는 [새로 추가]를 클릭합니다. 플러그인 추가 화면이 열리면 [elementor] 를 검색한 후 설치하세요.

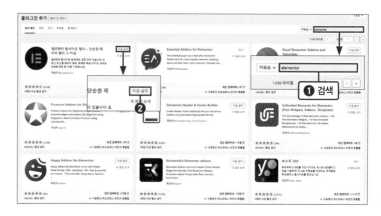

2 설치한 엘리멘터 플러그인을 활성화합니다.

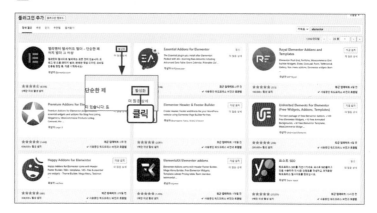

STEP 5 +
스머시 플러그인
설치하기

이번에는 홈페이지에 업로드하는 파일의 크기를 최적화해 주는 '스머시(Smush)' 플러그인을 설치해 볼게요. 홈페이지에 이미지나 파일을 많이 올리면 홈페이지가 느려지는데, 스머시를 활용하면 자동으로 최적화되어 용량이 줄어들기 때문에 더욱 쾌적하게 홈페이지를 관리할 수 있습니다.

1 워드프레스 대시보드에서 [플러그인]을 선택하고 화면 위쪽에 있는 [새로 추가]를 클릭합니다. 플러그인 추가 화면이 열리면 [smush]를 검색한 후 설치합니다. **STEP 4**에서 설명한 것처럼 다운로드한 후 활성화 과정을 거치세요.

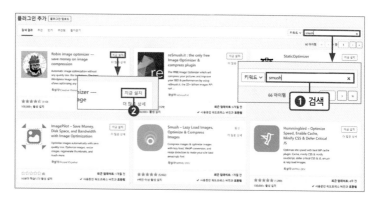

💡 **comment** 원하는 테마나 플러그인이 있다면 위와 같은 과정을 거쳐서 설치한 후 활성화하면 됩니다. 다만 플러그인을 너무 많이 설치하면 홈페이지가 무거워져서 이용하기 불편하고 플러그인이 서로 충돌해서 예상치 못한 오류가 발생할 수 있다는 점을 기억하세요.

템플릿으로 보기 좋은 메인 페이지 만들기

워드프레스를 설정했으면 이번에는 홈페이지의 메인 페이지를 만들 차례입니다. 메인 페이지는 말 그대로 홈페이지에 접속했을 때 가장 처음에 나타나는 페이지를 의미합니다. 메인 페이지 하나만 있어도 잠재 고객의 DB를 수집하고 콘텐츠를 제공하는 데 문제가 없습니다. 디자인에 자신이 있다면 직접 메인 페이지를 디자인할 수도 있지만, 그렇지 않다면 플러그인을 설치하여 쉽게 만들 수 있습니다. 이 책에서는 'Templately' 플러그인을 설치해서 활용해 보겠습니다.

> 💡 **comment** 페이지 디자인도 나중에 얼마든지 업그레이드할 수 있으므로 처음에 너무 많이 애쓰지 않아도 괜찮습니다.

✦ 무작정 따라하기 ✦ Templately 플러그인의 템플릿으로 메인 페이지 만들기

STEP 1 ✦
템플릿 설치하기

1 119쪽의 내용을 참고하여 플러그인을 설치하고 워드프레스 대시보드에서 [페이지]-[새로 추가]를 선택합니다.

2 119쪽에서 설치한 엘리멘터 플러그인을 활용하기 위해 [엘리멘터로 편집]을 클릭합니다.

3 엘리멘터 에디터 화면에서 파란색 원 모양의 Templately 아이콘이 확인되면 Templately 플러그인이 정상적으로 설치된 것입니다. Templately 플러그인을 제대로 사용하기 위해 회원 가입을 진행합니다.

comment
무료 버전의 Templately 플러그인에도 템플릿의 종류가 충분히 많으므로 굳이 처음부터 유료 버전을 구매하여 사용하지 않아도 됩니다.

4 회원 가입 후 Templately 아이콘을 클릭하면 다양한 종류의 템플릿을 확인할 수 있고, 미리 보기를 클릭하면 실제로 화면에 어떤 느낌으로 적용되는지 알 수 있습니다. 이 중에서 원하는 템플릿을 선택하고 [INSERT]를 클릭하여 삽입하세요.

STEP 2 +

**템플릿 요소
변경하기**

적용한 템플릿에서 요소를 하나씩 클릭하여 변경해 볼게요.

1 템플릿의 이미지 요소를 클릭하세요. 화면의 왼쪽에 [이미지 편집] 화면이 열리면 '이미지 선택'의 아래쪽에 있는 이미지를 클릭해 원하는 이미지를 삽입할 수 있습니다.

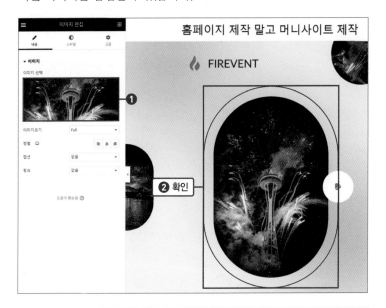

💡 **comment** 템플릿의 요소를 누르면 화면의 왼쪽에 편집 창이 열립니다. 이 편집 창의 제목을 통해서 각 요소가 이미지, 텍스트, 제목 중 어디에 해당하는지 확인할 수 있습니다. 여기서는 이미지 요소를 클릭했기 때문에 화면의 왼쪽 위에서 '이미지 선택'이라는 제목을 확인할 수 있습니다. 이때 '미디어 삽입'을 통해 컴퓨터나 모바일 기기에 있는 이미지를 직접 올릴 수도 있고, 'URL 삽입'을 통해 외부 사이트에서 이미지를 가져올 수도 있습니다.

2 템플릿의 제목이나 글 요소를 클릭하면 화면의 왼쪽에 [제목 편집] 창이나 [글 편집] 창이 열립니다. 이 편집 창에서 글자를 마음대로 변경할 수 있어요.

3 템플릿의 버튼을 클릭하면 버튼 글씨, 글씨 색, 배경색 등을 변경할 수 있습니다. 버튼에 외부 링크를 연결하려면 '새 창에서 열기'에 체크 표시해야 사용자가 홈페이지에서 이탈하지 않고 링크를 확인할 수 있습니다.

💡 **comment** 화면에 페이지 제목을 안 보이게 만들고 싶나요? 그러면 페이지의 왼쪽 아래에 있는 ⚙ 툴을 클릭한 후 왼쪽의 [페이지 설정] 창에서 '제목 숨기기'를 '아니오'에서 '예'로 변경하세요.

4 반응형 버튼()을 클릭하여 PC, 태블릿, 모바일에서 페이지가 어떻게 보이는지 확인합니다. PC 화면에서는 홈페이지가 원하는 대로 잘 구현되었어도 모바일에서는 그대로 나오지 않는 경우가 많습니다. 요즘은 모바일 사용자의 비율이 높으므로 모바일 화면에서 어떻게 보이는 반드시 확인해야 합니다.

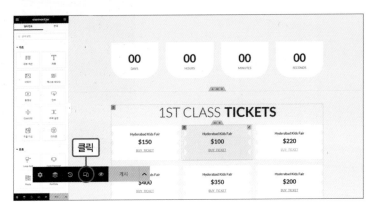

STEP 3 +
페이지의 아래쪽에
이메일 구독 폼 넣기

페이지의 아래쪽에 이메일 구독 폼을 넣어 봅시다. 국내 이메일 발송 툴인 '스티비'에서 제공하는 html 코드를 이용하여 간단하게 설치할 수 있습니다. 이 과정은 무료로 진행할 수 있어요.

1 [elementor] 창의 [엘리멘트]에서 검색 상자에 'html'을 입력하여 검색합니다.

2 html 요소(엘리멘트)를 클릭한 상태에서 오른쪽 맨 아래에 있는
'여기로 위젯 드래그'로 드래그합니다.

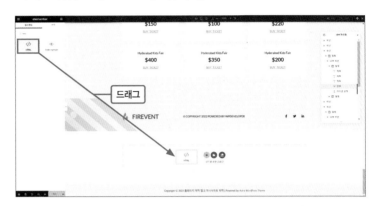

3 [HTML 편집] 창–[내용]의 'HTML 코드'에 스티비에서 제공하는
코드를 붙여넣을 것입니다.

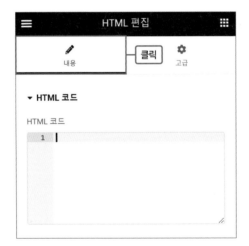

4 스티비(stibee.com)에 접속해서 [지금 시작하기]를 클릭한 후 회원 가입을 진행합니다.

💡 **comment** 이미 스티비에 회원 가입되어 있으면 바로 로그인하세요.

5 이메일 구독자를 모으려면 '주소록'이 필요합니다. 주소록을 만들기 위해 [주소록] 탭에서 [+ 새로 만들기]를 클릭하세요.

6 [주소록 새로 만들기] 창에서 '일반 주소록'을 선택합니다.

💡 **comment** '유료 구독 주소록'은 이름 그대로 구독자가 비용을 지불하는 시스템으로, 해당 기능을 활성화하려면 스티비의 유료 서비스를 구독해야 합니다. 별도의 유료 서비스를 구독하지 않아도 구독 폼을 홈페이지에 설치할 수 있으므로 이 책에서는 '일반 주소록'을 선택했습니다.

7 주소록을 만들기 위해 필요한 정보를 모두 입력하고 [저장하기]를 클릭합니다.

새로운 주소록을 만듭니다

주소록은 구독자의 이메일 주소와 그 외 정보가 저장되는 곳입니다.
몇 가지 정보를 입력하여 주소록을 만들면 구독자를 추가할 수 있습니다.

❶ **주소록 이름**

주소록 이름은 내부 관리에 사용될 뿐만 아니라 구독 폼, 구독 확인 이메일, 수신거부 확인 화면 등에 노출될 수 있습니다.
구독자에게 의미가 잘 전달될 수 있는 이름을 사용하세요.

❷ **기본 발신자 이름**

이메일을 만들 때 불러오는 발신자 이름의 기본 값입니다.

발신자 이메일 주소

인증 여부, SPF, DKIM 설정 여부에 따라 발신자 이메일 주소의 상태나 아이콘으로 표시합니다.

인증이 된 주소만 발신자 이메일 주소로 사용할 수 있습니다. SPF, DKIM이 설정된 주소를 사용하면 도달률을 높일 수 있습니다.
자세한 내용은 SPF, DKIM이 뭔가요? 를 참고하세요.

발신자 이메일 주소는 5개까지 추가할 수 있습니다.

❸ **이메일 푸터 정보**

영리 목적의 광고성 정보를 전송하려면 정보통신망법에 따라 회사명 또는 이름, 주소, 전화번호를 이메일 본문에 표시해야 합니다.
이메일 콘텐츠를 편집할 때 푸터 삽입 기능을 추가하면 아래 정보를 이메일 본문에 추가할 수 있습니다.

회사명 또는 이름

주소

전화번호

자동삭제 기능을 사용하시겠습니까?

자동삭제 기능을 사용하면 하드바운스로 발송이 실패한 구독자는 자동으로 자동삭제 재료 분류되어 발송대상에서 제외됩니다.
수신 서버 응답에 따라 분류가 정확하지 않은 경우도 있지만 일반적으로 발송성공률이 높아집니다. 소프트바운스, 하드바운스란 뭔가요?

◉ 예   ○ 아니요

[취소] [저장하기] — 클릭

❶ **주소록 이름**: 주소록에 어떤 구독자를 모았는지 구별하기 위한 이름으로, 편한 이름을 정하면 됩니다.

❷ **기본 발신자 이름**: 어떤 이름으로 이메일을 보낼 것인지 정할 수 있습니다. 본명이나 닉네임 또는 회사 이름을 쓸 수 있고 발신자 이름은 나중에 변경할 수 있으므로 연습해 보는 단계에서는 편한 이름을 적어도 좋습니다.

❸ **이메일 푸터 정보**: 여기에 적는 정보는 이메일의 가장 아래쪽에 들어가고 나중에 수정할 수 있습니다.

8 주소록을 관리하거나 수정할 수 있는 페이지가 열리면 [구독 화면] 탭에서 [코드 내보내기]를 클릭합니다.

💡**comment** 다른 설정을 하지 않으면 기본적으로 구독 폼은 '이메일'만 수집합니다. 이름이나 다른 정보를 함께 수집하고 싶다면 [구독 화면] 탭에서 [수정하기]를 클릭하여 수정할 수 있습니다.

9 구독자를 모을 수 있는 이메일 구독 폼을 완성했습니다. 이제 이 구독 폼을 홈페이지에 넣을 수 있는 HTML 코드를 볼 수 있습니다. [모두 복사하기]를 클릭하여 HTML 코드를 복사한 후 홈페이지의 HTML 코드 창에 붙여넣으세요. 이렇게 세팅을 마치면 메인 페이지를 빠른 시간 안에 디자인해서 만들 수 있습니다.

▲ 완성된 이메일 구독 폼

 SUMMARY

템플릿을 활용하면 다양한 요소를 큰 어려움 없이 구현할 수도 있고 좀 더 세련된 느낌을 줄 수도 있습니다. 그러므로 디자인에 자신이 없어도 너무 걱정하지 마세요.

메인 페이지에 들어갈 내용과
내용을 이끌어내는 질문 준비하기

홈페이지를 만든다고 하면 일반적으로 홈페이지 디자인을 어떻게 할지 먼저 고민하는 경우가 많습니다. 물론 시각적인 부분은 신뢰감을 줄 수 있는 중요한 요인이므로 반드시 고려해야 합니다. 하지만 그 안에 어떤 메시지를 담고 어떻게 고객에게 전달할 것인가가 가장 중요합니다.

지난 섹션에서 Templately 플러그인을 이용해 메인 페이지의 디자인 틀을 잡으며 그 안에 어떤 이미지를 넣고 어떤 말을 적어야 할지 막막했을 겁니다. 그래서 이번에는 메인 페이지뿐만 아니라 상품의 상세 페이지, 프로모션 페이지 등 다양한 영역에서 메시지를 잘 담기 위해 필요한 몇 가지 질문을 준비했습니다.

01 : 질문으로 만들어가는 페이지

페이지의 내용을 기획할 때 막막한 이유는, 어떤 내용을 쓰고 어디부터 시작해야 할지 감이 잡히지 않기 때문입니다. 얼굴을 보면서 고객을 마주한다면 질문을 받고 부연 설명을 할 수 있지만, 온라인에서는 한계가 있습니다. 그래서 페이지 안에 최대한 빠짐없이 많은 내용을 담아내야 한다는 부담감이 생깁니다. 이럴 때는 그럴듯한 메시지를 찾으려고 애쓰기보다는 누군가 곁에서 질문을 하고 이에 대한 답을 해본다고 생각해 보세요. 그러면 훨씬 더 편하게 내용을 풀어갈 수 있습니다.

이번에는 메인 페이지 혹은 상세 페이지에 들어갈 메시지를 수월하게 만들 수 있도록 가이드가 되어 줄 몇 가지 질문을 알려드리려고 합니다. 다음 여섯 가지 질문에 천천히 답해보고 이들 답을 페이지의 템플릿에 정리해서 채워 넣으면 훌륭한 페이지가 완성될 것입니다.

질문 1. 누가 이 페이지를 보았으면 좋겠는가?

흔히 말하는 '타깃 고객'을 떠올리는 작업입니다. 어떤 사람이 이 페이지를 보았으면 좋겠는지 생각해 보세요. 구체적인 대상이 정해지지 않으면 전하는 메시지도 추상적일 수밖에 없습니다. 내가 작업하는 페이지를 볼 사람이 무엇이 불편한지, 무엇을 원하는 사람인지 구체적으로 생각해 보세요. 이왕이면 내 주변에서 실제로 이런 문제를 겪고 있는 사람을 떠올리는 것이 훨씬 더 좋습니다. 그러면 좀 더 마음을 담아서 답변할 수 있기 때문이죠.

질문 2. 그 사람이 이 페이지를 어떤 곳으로 보기를 바라는가?

이번에는 페이지 콘셉트를 잡아볼게요. 유용한 정보가 모여 있는 곳으로 봐주기를 원하는지, 아니면 나 또는 회사에 대해 좀 더 자세히 알아볼 수 있는 곳으로 봐주기를 원하는지에 따라 페이지를 구성하는 기획 방향이 달라집니다. 이 페이지를 방문하는 사람들에게 '어떤 느낌'을 주고 싶은지 상상해 보아도 좋습니다. 차갑고 이성적인 느낌인지, 따뜻하게 감싸주는 느낌인지, 또는 또 다른 느낌인지에 따라 페이지의 콘셉트가 달라집니다.

질문 3. 그 사람에게 어떤 메시지를 전하고 싶은가?

전하고 싶은 사업 철학이나 상품의 특징 및 장점이 있나요? 페이지를 본 사람에게 단 하나의 메시지를 남긴다면 어떤 내용을 남기면 좋을지 고민해 보세요. 같은 업종이라고 해도 제작자나 팀의 색깔에 따라 강조하는 포인트가 다를 겁니다. 사람들에게 전하고 싶은 메시지가 무엇인지, 왜 그 메시지를 전하고 싶은지를 한 줄로 정리해 보세요.

💡 **comment** 세 가지 정도를 적어 보고 그중에서 가장 마음에 드는 것을 페이지에 주로 강조하면 됩니다.

질문 4. 차별화 포인트는 무엇인가?

생각보다 이 질문에 '차별화 포인트가 없다'고 답하는 사람들이 많습니다. 하지만 깊이 대화를 나누다 보면 차별점이 하나도 없는 경우는 드뭅니다. 정말로 그렇다면 애초에 사업을 지속하기 어려울 테니까요. 보통은 차별점을 구체적으로, 제대로 떠올려본 적이 없어서 정확하게 답하지 못하는 경우가 많습니다. 다른 곳보다 압도적으로 뛰어난 부분을 생각해 내야 한다는 부담감에 더욱 떠올리기 어려울 수도 있죠.
차별점이라고 해서 꼭 압도적으로 우월할 필요는 없습니다. 나 또는 회사가 시장을 쪼개서 좀 더 집중적으로 시간과 에너지를 쓰고 파고들 수 있는 지점이라면 충분히 차별점이 될 수 있습니다. 예를 들어, 수많은 마케팅 대행사 중에서 '학원 전문 마케팅 대행사'라는 점을 내세우면 학원 마케팅을 맡기려는 고객은 이곳을 선택할 확률이 높습니다. 이와 같이 모든 면에서 압도적이지 않다면 특정 시장에 집중하는 것만으로도 차별화 포인트가 생기는 것입니다.

질문 5. 경쟁사는 어떤 곳인가?

좀 더 입체적으로 차별점을 발견하고 싶다면 이 질문에 답변해 보세요. 우선 유사 또는 동일 업종에서 경쟁사를 찾아봅니다. 잘되는 곳이 있으면 잘되는 이유를 정리하고, 어려움을 겪는 곳이 있으면 그 이유를 분석해 보세요. 경쟁사의 제품을 구매한 고객의 후기를 찾아보는 것도 도움이 됩니다. 어떤 부분에서 만족하고 만족스럽지 않은지 곧바로 체크할 수 있기 때문입니다.

질문 6. 내 주장을 뒷받침할 근거는 무엇인가?

우리 회사가 전하려는 메시지와 차별점을 정리했다면 이것을 뒷받침하는 근거가 있어야 합니다. 근거가 없으면 일방적인 주장에 불과하기 때문입니다. 실제 일하는 사진이나 구체적인 성과 지표, 고객들의 후기 같은 것이 근거가 될 수 있습니다. 이런 사진과 지표는 페이지에 방문한 고객들을 안심시키는 역할을 합니다.

자, 여섯 가지 질문에 대한 답을 정리해 보았나요? 명료하게 답이 적히는 부분도 있고 곧바로 생각나지 않는 부분도 있을 것입니다. 사업을 한다면 한 번쯤은 고민해 봐야 할 질문이므로 짧게라도 일단 적어보는 것이 좋습니다. 이 질문들을 한 번이라도 정리해 보면 놓치고 있었던 포인트를 발견할 수도 있고 앞으로 어떤 부분을 보완해서 채워야 할지도 알 수 있기 때문입니다.

02: 진정한 자동화 마케팅을 구현하는 자세

답변한 내용을 바탕으로 만든 페이지가 처음에는 투박해 보일 수 있어서 고객에게 좀 더 세련되고 매력적으로 어필해야 하지 않을까 고민이 될 겁니다. 만약 이 페이지 하나만으로 고객을 설득하고 결제를 이끌어내려고 한다면 좀 더 자극적인 카피나 할인 혜택으로 어필해서 구매로 전환하려는 노력이 추가로 필요합니다. 디자인도 좀 더 신경을 써야 하고요. 물론 이런 과정이 의미 있게 작동할 수도 있습니다. 하지만 오직 한 페이지의 메시지만으로 구매까지 이어지도록 고객을 설득하려고 애쓰다 보면 고객 입장에서 무척 부담스러운 페이지가 될 수 있습니다. 진정성에 대한 의심의 눈초리도 받게 될 수 있고요.

진정한 자동화 마케팅을 구현하려면 페이지 하나만으로 고객을 온전히 설득한다는 생각을 버리는 게 좋습니다. 자동화 마케팅의 관점에서는 정보성 콘텐츠를 계속 읽고 관심을 가진 고객이 구매 전환에 필요한 페이지를 방문하게 하거나, 궁금증을 더 유발하고 이메일 구독을 유도하여 더 많은 콘텐츠를 읽어보게 하는 것이 좀 더 바람직합니다.

 SUMMARY

메인 페이지가 조금 부족하다고 느껴져도 일단 가볍게 만들어서 시작해 보는 것을 추천합니다. 정보성 콘텐츠를 통해서 고객이 페이지로 유입되었을 때 시너지 효과가 발휘되어 결제로 이어지기 때문입니다. 페이지의 디자인 요소나 메시지는 시간을 가지고 여유 있게 보완하면 됩니다. 그리고 정보성 콘텐츠를 만들다 보면 보완할 내용이 자연스럽게 보일 것입니다.

검색 노출 및 분석에 필요한 플러그인 설치하기

01 : 고객이 내 콘텐츠를 찾아오는 세 가지 방법

메인 페이지 제작이 완료되었다는 것은 매장으로 따지면 외부에 간판을 단 셈입니다. 그렇다면 이제 고객이 우리 매장을 찾아오도록 해야겠죠? 타깃 고객에게 도움이 될 만한 콘텐츠를 지속적으로 업데이트해야 하는 이유가 여기에 있습니다. 그렇다면 타깃 고객은 내가 올린 콘텐츠를 어떻게 찾아올까요? 타깃 고객이 찾아오는 대표적인 방법은 다음 세 가지입니다.

- 첫 번째, 검색 결과를 보고 찾아온다.
- 두 번째, SNS 채널을 보고 찾아온다.
- 세 번째, 광고를 보고 찾아온다.

02 : 검색 결과를 보고 찾아오는 방법

이번에는 검색 결과를 보고 찾아오는 방법에 대해 이야기해 보겠습니다. 이 방법의 핵심이 바로 '검색 엔진 최적화(SEO; Search Engine Optimization)'라는 개념입니다. 구글이나 네이버 같은 검색 엔진은 AI를 통해 새롭게 생성되는 웹페이지를 정기적으로 탐색합니다. 이 과정에서 각 페이지가 어떤 내용을 담고 있으며 검색 사용자에게 유용한 내용을 충실하게 잘 담았는지 분석합니다. 유용하다고 판단되는 페이지는 검색 사용자가 관련 키워드를 검색했을 때 검색 결과 상위에 노출해 주죠. 반대로 유용하지 않거나 문제가 있는 페이지라고 판단하면 검색 노출 순위를 뒤로 미룹니다.

검색 엔진 최적화(SEO)란, 검색 엔진이 내 웹페이지를 '유용한 정보가 있는 페이지'로 더 쉽게 판단할 수 있도록 도와주고 검색 사용자가 관련 키워드를 검색했을 때 내 웹페이지가 검색 결과의 위쪽에 잘 나올 수 있도록 만드는 작업입니다. 검색 엔진 최적화가 중요한 이유는 간단합니다. 이 작업이 잘 되어 있어야만 더 많은 고객이 검색을 통해 내 홈페이지의 콘텐츠로 유입되기 때문입니다.

자전거를 새로 구매한다고 가정해 볼게요. 대부분의 사람은 네이버나 구글에서 자전거와 관련된 여러 키워드를 검색합니다. 그리고 대부분 검색 결과 첫 페이지의 위쪽에 있는 게시물만 보고 검색 창을 닫습니다. 이와 같은 원리로 고객이 내 서비스나 제품과 관련된 키워드를 검색했을 때 내 홈페이지 글이 검색 결과의 위쪽에 노출된다면 어떨까요? 잠재 고객이 자연스럽게 홈페이지를 방문하게 될 것입니다.

🎙 **comment** 물론 광고를 통해서도 고객이 유입될 수 있습니다. 하지만 고객은 광고 때문에 노출된 콘텐츠보다 검색했을 때 페이지의 위쪽에 있는 콘텐츠를 더 신뢰합니다.

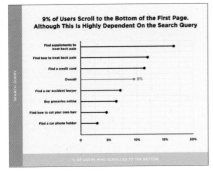

▲ 검색 사용자의 오직 9%만 1페이지 밑으로 내려간다는 통계
(자료 출처: backlinko.com/google-user-behavior)

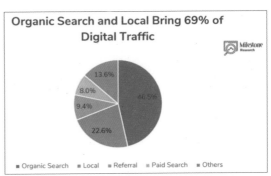

▲ 자연 검색 콘텐츠가 광고 콘텐츠보다 훨씬 많은 트래픽을 가져간다는 통계
(자료 출처: digitaldot.com/local-seo-statistics-2022)

검색 엔진 최적화(SEO)를 위해 플러그인 세팅하기

그렇다면 어떻게 해야 검색 엔진을 최적화할 수 있을까요? 이번에는 여기에 필요한 몇 가지 단계와 워드프레스 플러그인을 소개하겠습니다.

STEP 1 +
구글 사이트 킷
(Google site kit)

구글 사이트 킷은 구글에서 제공하는 웹사이트 분석 및 광고 툴인 구글 서치 콘솔(Google Search Console), 구글 애널리틱스(Google Analytics), 구글 애드센스(Google AdSense) 등을 워드프레스에서 한 번에 볼 수 있게 하는 플러그인입니다. 이 중에서도 '구글 서치 콘솔'은 구글이 자신의 웹사이트를 더욱 잘 탐색할 수 있게 해 주는 핵심 툴입니다.

1 'Google site kit' 플러그인을 검색해 설치하면 워드프레스 대시보드의 왼쪽에 [사이트킷] 메뉴가 나타나는데, 여기서 [알림판]—[새 계정 추가하기]를 클릭합니다. 구글에서 제공하는 서비스를 이용하는 것이므로 모든 로그인은 구글 계정을 통해서 할 수 있습니다. 그러니 홈페이지와 연결할 구글 계정을 하나 준비해두면 편합니다. 새 계정을 추가하는 과정에서 구글 애널리틱스와 자동으로 연결되는데, 새 계정을 추가했으면 [분석 구성하기]를 클릭하세요.

2 구글 사이트킷 대시보드가 나타납니다.

3 [사이트킷]-[검색 콘솔]을 클릭하여 연결합니다.

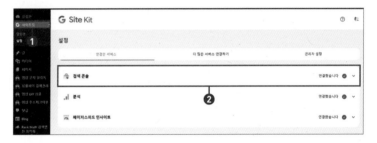

4 검색 콘솔(Search Console)에서 'Sitemaps'에 들어가 사이트 맵을 추가합니다. [새 사이트맵 추가] 창에 '홈페이지 주소/sitemap. xml' 링크를 추가하면 구글이 나의 웹사이트를 더 잘 읽어낼 수 있어서 검색 노출에 매우 유리해집니다.

STEP 2 ✚
네이버 웹마스터 도구(네이버 서치 어드바이저)

이번에는 구글뿐만 아니라 네이버에서도 홈페이지가 잘 검색되도록 네이버 웹마스터 도구인 서치어드바이저를 세팅해 보겠습니다.

1 네이버에서 '서치어드바이저'를 검색하여 접속한 후 [웹마스터 도구]를 클릭합니다.

2 [사이트 등록] 화면이 열리면 내 웹사이트의 주소를 입력합니다.

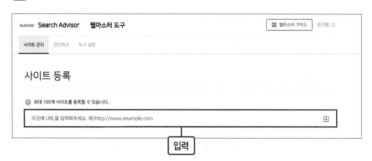

3 [사이트 소유확인] 창에서 'HTML 태그'를 선택합니다. 웹사이트
가 실제로 등록하는 사람의 소유인지 확인하는 작업으로, 두 가지 옵
션 중 자신에게 좀 더 쉬운 것을 선택하세요. 여기서는 태그를 추가하
는 작업으로 진행해 볼게요.

4 워드프레스 화면으로 되돌아가서 'Header & Footer' 플러그인
을 설치합니다.

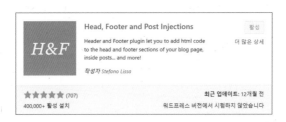

5 화면의 왼쪽에서 [설정]-[Header & footer]를 선택하고 '〈HEAD〉 PAGE SECTION INJECTION'에 네이버 웹마스터 도구에 나와 있 는 HTML 태그를 복사 및 붙여넣기합니다.

6 플러그인 화면에서 [저장]을 클릭하고 네이버 웹마스터 도구 화면 으로 되돌아와서 [소유확인]을 클릭합니다.

STEP 3 +
Yoast SEO

Yoast SEO 플러그인은 홈페이지에 글을 올릴 때 해당 콘텐츠가 검색 엔진 최적화에 적합한지의 여부를 가이드해 줍니다.

> 💡 **comment** Yoast SEO의 기준이 되는 검색 엔진은 구글입니다.

1 Yoast SEO 플러그인을 설치합니다.

2 워드프레스 대시보드의 왼쪽 메뉴에서 [글]-[새로 추가]를 선택합 니다.

3 엘리멘터 편집 화면으로 들어간 후 왼쪽 메뉴에서 [Yoast SEO] 탭을 확인합니다.

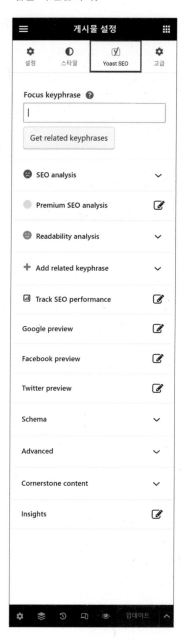

4 'Focus keyphrase'에 검색에 노출하고 싶은 핵심 키워드를 입력하고 [Get related keyphrases]를 클릭합니다.

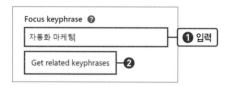

5 분석 결과를 확인해 볼까요? 빨간색 원으로 표시된 항목은 SEO 기준을 충족하지 못했다는 의미이고 초록색 원으로 표시되는 항목은 SEO 기준을 충족했다는 의미입니다. 각각의 항목이 무엇을 의미하는지 간단하게 살펴보겠습니다.

Analysis results

︿ Problems (9)

● Keyphrase distribution: Have you evenly distributed your focus keyphrase throughout the whole text? Yoast SEO Premium will tell you!

● Outbound links: No outbound links appear in this page. Add some!

● Images: No images appear on this page. Add some!

● Internal links: No internal links appear in this page, make sure to add some!

● Keyphrase in introduction: Your keyphrase or its synonyms do not appear in the first paragraph. Make sure the topic is clear immediately.

● Keyphrase in SEO title: Not all the words from your keyphrase "자동화 마케팅" appear in the SEO title. For the best SEO results write the exact match of your keyphrase in the SEO title, and put the keyphrase at the beginning of the title.

● Keyphrase density: The keyphrase was found 0 times. That's less than the recommended minimum of 3 times for a text of this length. Focus on your keyphrase!

● Meta description length: No meta description has been specified. Search engines will display copy from the page instead. Make sure to write one!

● SEO title width: The SEO title is wider than the viewable limit. Try to make it shorter.

︿ Improvements (1)

● Keyphrase in slug: (Part of) your keyphrase does not appear in the slug. Change that!

︿ Good results (3)

● Keyphrase length: Good job!

● Previously used keyphrase: You've not used this keyphrase before, very good.

● Text length: The text contains 625 words. Good job!

❶ **Images**: 글 콘텐츠 안에 이미지가 포함되어야 합니다.

❷ **Internal links**: '내부 링크'라는 뜻으로, 홈페이지의 내부에 있는 다른 페이지로 연결되는 링크가 포함되어야 합니다.

❸ **Keyphrase in introduction**: 글의 가장 첫 단락에 핵심 키워드가 포함되어야 합니다. 그래야 보는 사람 입장에서 이 글이 무엇을 위한 글인지 바로 알 수 있어요.

❹ **Keyphrase in SEO title**: 글 제목에 핵심 키워드가 포함되어야 합니다.

---

comment Yoast SEO는 영어에 최적화되어 있으므로 한글로 글을 쓰면 핵심 키워드를 입력했는데도 인식되지 않을 수 있습니다. 예를 들어, '책 추천'이 핵심 키워드라면 '책 추천합니다.'라는 문장은 인식되지 않고 '책 추천 합니다.'로 정확하게 띄어쓰기를 해야 인식합니다.

---

❺ **Keyphrase length**: 핵심 키워드의 길이가 적당한지 확인합니다. 보통 2~4단어가 적절합니다.

❻ **Keyphrase density**: 핵심 키워드가 얼마나 자주 반복되는지 확인합니다. 너무 자주 반복되거나 너무 안 나오면 좋지 않습니다.

---

comment 글 하나당 핵심 키워드가 몇 번 나와야 한다고 명확하게 정해져 있지는 않습니다. 핵심 키워드는 글의 길이에 따라 달라지기 때문입니다.

---

❼ **Keyphrase in meta description**: 핵심 키워드가 Meta Description에 포함되어야 합니다. Meta Description은 구글에서 글이 노출될 때 아래에 나오는 설명을 의미하는데, 구글 프리뷰에서 수정할 수 있습니다.

❽ **Meta description length**: Meta description의 길이를 확인합니다. 너무 짧거나 길면 안 되고 구글 프리뷰에서 확인할 수 있습니다.

❾ **Previously used keyphrase**: 이전에 같은 웹사이트에서 다룬 적이 있는 핵심 키워드가 아니라 다른 키워드를 선택하는 것을 추천합니다. 한 가지 핵심 키워드를 노출하기 위해 너무 많은 글을 쓰는 것을 지양해야 합니다.

❿ **Keyphrase in subheading**: subheading은 하위 제목을 의미합니다. H2, H3 태그를 사용하면 검색 엔진이 하위 제목을 인식할 수 있으므로 핵심 키워드가 H2, H3 태그에 포함되도록 지정하는 것을 추천합니다.

⓫ **Text length**: 글의 길이를 의미합니다.

⓬ **SEO title width**: 글 제목의 길이를 의미합니다.

⓭ **Outbound links**: 해당 웹사이트의 밖으로 연결되는 링크를 의미합니다.

⓮ **Image Keyphrase**: 이미지에 대체 텍스트를 입력할 때 핵심 키워드가 포함되어야 합니다.

⓯ **Keyphrase in slug**: 글의 제목뿐만 아니라 글의 링크에도 핵심 키워드가 포함되어 있어야 합니다.

SUMMARY

Yoast SEO나 이와 비슷한 플러그인을 활용하면 좀 더 쉽게 검색 엔진 최적화를 할 수 있습니다. 하지만 꼭 명심해야 할 사실이 있습니다. 결국 중요한 것은, 사람들이 끝까지 읽을 만한 글을 써야 한다는 점과 글을 끝까지 읽을 만한 사람들이 페이지에 들어오도록 해야 한다는 점입니다. 아무리 검색 엔진 최적화에 맞게 글을 써도 사람들이 잘 읽지 않는 페이지거나 사람들이 들어오더라도 금방 나가는 페이지는 구글 입장에서 '유용한 정보'라고 보기 어렵기 때문입니다.

돈 안 들이고 트래픽을 만드는 방법

01 : 내 홈페이지에 양질의 트래픽을 만드는 방법

홈페이지를 만들고 콘텐츠를 많이 올리면 우리가 원하는 자동화 마케팅이 구현될까요? 그렇지는 않습니다. 홈페이지와 콘텐츠를 잘 만들어 두어도 고객이 저절로 찾아오지는 않기 때문이죠.

검색 상위 노출을 염두에 두고 글을 쓴다고 해도 콘텐츠 발행 초기에는 질 좋은 트래픽이 발생하도록 신경을 써야 합니다. 그래야 실제로 검색 결과 상위에 노출되는 데 긍정적인 영향을 줄 수 있어요.

> **comment**
> 질 좋은 트래픽이란, 해당 콘텐츠 내용을 관심 있게 읽으면서 페이지에 오래 머물 수 있는 사용자를 의미합니다.

트래픽을 발생시키기 위해 백링크(backlink) 작업을 하는 경우가 있습니다. 믿을 만한 사이트에 내 홈페이지 글의 링크가 언급될 때 '백링크가 걸렸다'라고 말합니다. 구글은 외부에서 많이 언급되는 페이지를 신뢰도가 높다고 판단하고 검색 결과 상위에 노출하기 때문에 백링크는 검색 엔진 최적화에 도움이 되죠. 이 로직을 역이용하여 인위적으로 백링크를 거는 것이 바로 백링크 작업입니다. 하지만 믿을 만한 사이트가 아닌 곳에서 언급된다면 상위 노출하는 데 오히려 부작용이 생길 수 있습니다. 따라서 억지로 외부에서 백링크 작업을 하기보다는 질 좋은 트래픽이 들어올 수 있는 곳에 자연스럽게 링크가 언급되는 것이 좋습니다.

> **comment** 이렇게 링크가 언급되려면 작성한 콘텐츠가 잠재 고객들에게 충분히 도움이 되어야 합니다.

그렇다면 어떻게 해야 양질의 트래픽을 만들 수 있을까요? 가장 단순한 방법은 내 콘텐츠 링크를 사람들이 모여 있는 곳에 공유하면 됩니다. 즉, 페이스북이나 카카오톡 채팅방 같은 곳에 링크를 공유하면 되겠죠? 이왕이면 나와 비슷한 주제를 다루는 페이스북 그룹이나 카카오톡의 단체 채팅방 같은 곳에 공유하면 더욱 효과가 좋을 거예요.

02: 자동화 이전에 수동화 과정을 경험해야 하는 이유

'자동화라면서 이런 작업을 해야 한다고?'라는 생각이 드나요? 실제로 '자동화'라는 단어가 주는 어감 때문인지 이 개념이 익숙하지 않은 사람 중에는 결과뿐만 아니라 과정까지도 손을 대지 않아도 저절로 된다고 생각하는 경우가 많습니다. 물론 좀 더 꾸준히 시간을 투자하다 보면 내가 하는 일이 거의 없어도 되는 단계까지 갈 수 있습니다.

자동화란, 이전까지 사람이 일일이 수동으로 하던 일을 프로그램에게 맡겨 자동으로 돌아갈 수 있게끔 만드는 것을 의미합니다. 이 말을 다르게 해석해 보면 수동으로 해 보지 않은 일을 자동화하는 것은 굉장히 어렵다는 뜻입니다. 내 생각대로 자동화 과정이 돌아가지 않을 확률도 매우 높으므로 시행착오를 많이 겪어야 합니다.

수동화 과정을 건너뛰고 처음부터 모든 것을 자동화하려고 하면 실제 고객이 겪는 어려움이 무엇인지, 내가 할 수 있는 일은 무엇이고 할 수 없는 일은 무엇인지 파악하기 어렵습니다. 즉, 수동화 과정에서 배울 수 있었던 소중한 인사이트들을 모두 놓치게 되는 것이죠. 그러다 보니 초반에 운 좋게 자동화가 잘 구현된다고 해도 왜 구현되는지 이해하기 어렵고 제대로 안 되면 안 되는 대로 원인을 몰라서 불안해집니다. 따라서 자동화를 제대로 구현하고 싶다면 반드시 수동으로 작업하는 과정을 파고들어 살펴보아야 합니다. 그 이후에 구현한 자동화만이 진짜 내 것이 되고 포인트를 제대로 파악하기도 쉽습니다.

다시 트래픽 이야기로 돌아가 볼게요. 앞에서 내 콘텐츠 링크를 사람들이 모인 곳에 공유해야 한다고 설명했는데, 아무 데나 공유한다고 해서 반응이 올까요? 그렇지 않습니다. 그러므로 내 링크를 어디에 공유했을 때 더 많은 사람이 클릭하고 흥미롭게 볼지 고민해 보아야 합니다. 마땅한 장소가 바로 떠오르지 않는다면 독자 여러분이 정보를 찾을 때 어떤 방법을 이용하는지 생각해 보는 것도 좋습니다. 검색 창에서 검색할 수도 있고 카페나 페이스북 그룹, 네이버 밴드처럼 비슷한 관심사를 가진 사람들이 모인 곳에서 찾을 수도 있습니다. 이런 곳에 내 콘텐츠 링크를 적극적으로 공유하면 이미 해당 내용에 관심이 있는 사람들이니 반응할 확률도 매우 높습니다.

다만 주의해야 할 점이 있습니다. 콘텐츠를 공유해 보라고 권했더니 곧바로 상품 판매로 이어지는 페이지나 노골적으로 홍보 콘텐츠를 공유하는 사람들이 있는데, 이렇게 하면 노력은 노력대로 하고 효과는 전혀 없을 수도 있습니다. 홍보 목적이 너무 뚜렷하면 웬만한 커뮤니티에서는 게시물을 삭제하거나 해당 계정 자체를 차단해버리거든요. 따라서 타깃 고객에게 진짜 도움이 되는 정보를 준비해야 합니다. 사람들이 보고서 '정말 좋다', '도움이 된다'라고 느껴야 커뮤니티 쪽에서도 삭제하지 않을 테니까요. 결국 어떻게 이런 양질의 콘텐츠를 기획할 것인지가 우리가 해결해야 할 과제가 될 겁니다.

💡 comment 요즘은 워낙 광고가 많다 보니 소비자들의 피로 누적도가 굉장히 높고 광고 콘텐츠에 예민한 반응을 보입니다. 그러니 커뮤니티 쪽에서는 조금이라도 의도가 수상하다고 느껴지면 게시글이나 사용자를 곧바로 차단할 수밖에 없습니다.

고객을 끌어당기는 자석, 콜투액션

01 : 방문자를 고객으로 바꾸는 마법의 한 문장

검색이나 광고를 통해서 우리가 만든 콘텐츠를 방문한 사람들은 그다음에 어떤 행동을 할까요? 콘텐츠를 읽고 관심이 생겨서 다른 콘텐츠나 세일즈 페이지를 좀 더 자세히 알아본다면 좋겠지만, 모두 이런 행동을 하지는 않습니다. 보통은 자신이 원하는 내용을 얻고 나면 해당 페이지에서 나가버리죠.

이런 경우에 방문한 사람들을 우리가 원하는 방향으로 안내하기 위해서 콜투액션(CTA; Call To Action)이 필요합니다. 콜투액션이란, 상대가 특정 행동을 하도록 유도하기 위해 사용하는 짧은 문장을 말합니다. 유튜브 영상을 볼 때 흔히 듣는 말인 '구독, 좋아요, 알림 설정 부탁드립니다.'와 같은 멘트가 대표적인 콜투액션입니다.

콘텐츠를 만들어서 사람들을 유입시켰다면 콘텐츠의 중간 또는 마지막에 '이 콘텐츠와 관련된 자세한 내용이 궁금하다면 다음과 같은 무료 자료를 받아보세요.'와 같은 식으로 콜투액션을 반드시 넣어야 합니다. 이런 콜투액션 안내의 아래에 무료 자료를 받을 수 있는 페이지로 이동하는 배너나 링크까지 추가하면 됩니다. 이처럼 콘텐츠를 만들면서 콜투액션 요소를 신경 써야 사람들이 해당 콘텐츠 페이지에서 바로 이탈하지 않고 무료 자료를 받을 수 있는 페이지로 넘어가게 됩니다.

💬 **comment** 콘텐츠에서 클릭을 통해 무료 자료를 신청하는 페이지로 넘어가도록 할 수도 있고, 페이지에 신청 폼을 넣어서 잠재 고객의 정보를 확보할 수도 있습니다.

콜투액션이 중요한 이유

철가루와 일반 모래를 섞어 놓은 후 자석을 가져다 대면 철가루만 자석에 끌려옵니다. 마찬가지로 이런 콜투액션 메시지를 통해서 고객이 될 가능성이 높은 사람들이 바로 이탈하지 않고 다음 단계로 넘어갈 수 있도록 만드는 과정이 필요합니다. '당연히 그렇게 해야 하는 것 아닌가?'라고 생각할 수도 있지만, 코칭을 하다 보면 많은 경우 콜투액션이 빠져 있습니다. 또한 콜투액션을 신경 써야 한다고 안내해도 깜빡하는 경우가 정말 많습니다.

콜투액션 여부에 따라 콘텐츠를 소비하는 사람들의 반응은 달라집니다. 무언가를 하라고 요청하지 않으면 사람들은 우리가 원하는 행동을 하지 않습니다. 항상 바쁘고 빠르게 콘텐츠를 소비하고 정신이 없기 때문입니다.

아무리 좋은 무료 자료를 만들었어도 이것을 신청하라는 말을 하지 않으면 처음 콘텐츠를 보는 사람들은 이런 자료가 있는 줄도 모릅니다. 신청하는 방법이 친절하게 안내되어 있지 않아도 문제입니다. 시간을 들여가며 신청 방법을 스스로 찾아서 신청하는 사람은 거의 없기 때문입니다. 그러므로 콘텐츠를 만들고 나면 반드시 특정한 행동을 요구해야 합니다.

SNS를 활용한 콜투액션

콜투액션은 홈페이지에 올린 글이나 영상뿐만 아니라 인스타그램과 같은 SNS에서도 얼마든지 가능합니다. SNS에 팔로워가 아무리 많아도 콜투액션을 모르거나 제대로 하지 못해서 사람들의 반응을 이끌어

내지 못하는 경우를 종종 봅니다.

다음 이미지는 순간랩의 인스타그램 게시물입니다. 콘텐츠의 맨 마지막에 궁금하다면 '3일 무료 메일 코스'를 신청해 보라고 되어 있어요.

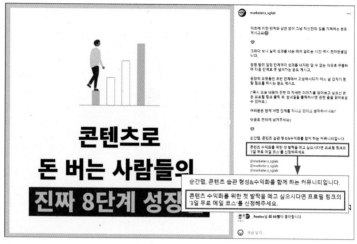

▲ 순간랩 인스타그램의 콜투액션 사례

이 카드뉴스도 잠재 고객을 위해 정보성 콘텐츠를 발행하고 콜투액션하는 행위를 담고 있습니다. 이 요청에 응하여 3일 무료 메일 코스를 신청하면 이메일을 받아볼 수 있는데, 이메일에는 잠재 고객이 신청한 정보뿐만 아니라 중간중간에 MVP 상품이나 메인 상품의 링크가 은근하게 노출되어 있습니다.

단번에 설득되는 사람은 거의 없습니다. 오히려 단번에 설득되는 것에 불쾌감을 느끼기도 하죠. 그러므로 이메일을 통해 정보성 콘텐츠를 철저히 무료로 제공하면서 자연스럽게 유료 제품에도 관심이 가게끔 스며드는 과정을 만드는 것입니다.

💡 comment 이때 잠재 고객들이 받는 이메일도 자동화되어 있습니다.

고객을 끌어당기는 '무료 자료'라는 자석을 만들었고 고객이 이 정보를 신청하는 폼을 만들었다면 정기적으로 콘텐츠를 발행하는 과정이 관건입니다. 잠재 고객 DB를 확보하고 정기적으로 콘텐츠를 발송하면서 고객들과 소통하고 상품을 세련되게 노출하는 시간을 지속적으로 가져야 합니다.

02: 정기적으로 콘텐츠를 발행하기 위한 TIP

결국 어떤 콘텐츠든지 정기적으로 발행해야 무리 없이 고객을 설득할 수 있습니다. 하지만 생각보다 많은 사람이 바로 이 지점을 어려워합니다. 정기적으로 콘텐츠를 올릴 수 있는 한 가지 팁을 이야기해 드릴게요. 콘텐츠를 꾸준히 만드는 것은 어렵지만, 꾸준히 올리는 것은 쉽다는 사실을 활용한 팁입니다.

일주일에 3개의 콘텐츠를 올린다고 가정해 보겠습니다. 콘텐츠를 올리는 날마다 매번 새 콘텐츠를 만들어서 당일에 업로드하면 번거롭고 어렵습니다. 예상치 못하게 컨디션이 안 좋아지거나 급한 일이 생기면 만들기도 어렵고 올리는 일도 부담이 되죠.

하지만 다음과 같은 방법을 쓰면 꾸준히 콘텐츠를 올리는 것이 훨씬 쉬워집니다. '일주일에 한 번', 또는 '한 달에 한 번' 특정한 날을 정해서 하루 동안 콘텐츠를 몰아서 만드는 것입니다. 한 번에 다량의 콘텐츠를 만든 후 업로드 날짜를 예약할 수 있는 툴을 사용해서 정해진 날짜에 차례대로 업로드를 예약해 둡니다. 이렇게 하면 콘텐츠를 만드는 날에는 콘텐츠 제작에만 집중할 수 있어요. 그리고 예약해 둔 콘텐츠가 올라가면 그 콘텐츠에 달리는 댓글이나 질문을 보면서 소통하는 것에만 신경을 쓸 여유가 생깁니다. 좀 더 입체적으로 콘텐츠를 관리할 수 있는 것이죠.

comment
순간랩뿐만 아니라 필자들이 코칭하는 고객들에게 대부분 이런 방식으로 콘텐츠를 발행하도록 안내하고 있습니다.

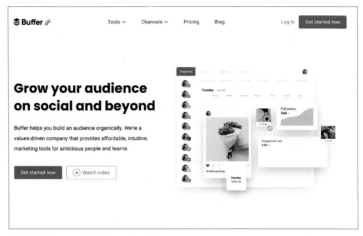

▲ 콘텐츠 예약 발행 서비스, 버퍼(Buffer)

다양한 플랫폼에 콘텐츠를 올리는 작업을 해 봤거나 외주로 맡겨보았으면 알겠지만, 이 작업은 무척 번거롭고 비용도 많이 듭니다. 각 플랫폼에 콘텐츠를 예약하려면 로그인과 로그아웃을 반복하면서 관리해야 하기 때문이죠. 이럴 때 버퍼(buffer.com)와 같은 콘텐츠 예약 발행 서비스를 이용하면 여러 플랫폼을 하나의 서비스 안에서 관리할 수 있어서 매우 편리합니다.

> 💡 comment 한 곳에서 여러 SNS 콘텐츠 발행을 예약할 수 있는 프로그램은 버퍼(buffer. com) 말고도 다양합니다. 각 프로그램마다 커버하는 SNS 플랫폼이 조금씩 다르므로 본인이 운영하는 SNS 플랫폼에서 사용할 수 있는 프로그램을 선택하세요.

즉 콘텐츠를 만들고, 배포하며, 대응하는 과정에 드는 시간과 에너지를 많이 줄일 수 있으므로 스트레스를 덜 받으면서 창의적인 콘텐츠를 만들 수 있어요. 고객의 반응을 이끌어낼 수 있는 확률도 높아지므로 콘텐츠와 관련된 작업이 즐거워집니다. 콘텐츠를 활용한 자동화 마케팅은 단기간에 성과를 내기 힘들므로 장기간 운영하려면 이런 감정적 관리가 필수입니다.

광고 초보가 고수처럼 광고 집행하기

01 : 초보도 손쉽게 광고 집행을 시작하는 방법

사람들이 자신의 콘텐츠를 찾아오는 루트는 다양합니다. 앞에서는 그 루트를 다음과 같이 카테고리화하여 설명했어요.

> • 첫 번째, **검색 결과를 보고 찾아온다.**
> • 두 번째, **SNS 채널을 보고 찾아온다.**
> • 세 번째, **광고를 보고 찾아온다.**

이 중 첫 번째 루트는 검색 엔진 최적화(SEO)를 통해, 두 번째 루트는 직접 트래픽을 만들어보는 과정을 통해 설명했어요. 이번에는 세 번째 루트에 해당하는 '광고'에 대해 이야기해 볼게요. 순서상 광고를 통한 유입을 가장 마지막에 넣었지만, 광고를 통한 트래픽을 절대 무시할 수는 없습니다.

이 책에서 계속 반복해서 강조한 것처럼 광고를 통한 노출에만 의존하는 방식은 점점 더 효율이 떨어지고 있습니다. 날이 갈수록 경쟁이 치열해지면서 광고 비용 자체도 높아지고 인건비와 교육비 같이 광고와 관련된 추가 비용이 지속적으로 증가하고 있기 때문입니다. 그렇기에 광고에만 의존하는 방식이 아니라 이 책에서 설명하는 콘텐츠 기반 자동화 마케팅을 병행한다면 비용을 절감하면서도 매출 증대에 도움을 줄 수 있습니다.

광고를 처음 집행하는 경우에는 채널도 다양하고 세팅할 것들도 많다 보니 진행하는 과정에서 스트레스를 많이 받습니다. 하지만 담당 직원을 뽑거나 외주를 주기에는 부담이 되죠. 그래서 직접 광고 집행을 시작하려는 사람들을 위해서 시행착오를 줄이고 고수처럼 할 수 있는 한 가지 방법을 말씀드리겠습니다.

02: 광고를 집행하고 관리하는 플랫폼 – 아드리엘(Adriel)

모든 광고 플랫폼의 사용법을 다 배우려면 시간이 너무 많이 걸리겠죠? 그래서 '아드리엘(Adriel)' 서비스가 만들어졌어요. 아드리엘은 쉽게 말해서 한 곳에서 페이스북, 구글, 유튜브, 카카오톡 광고를 집행하고 관리할 수 있는 플랫폼입니다. 각 채널에서 광고를 집행할 때는 설정해야할 것들이 많은데, 이런 것들을 최적화해서 최소한의 설정만으로도 광고를 집행할 수 있게 해 줍니다. 직접 광고 소재와 문구를 만들 수 있지만, 추가 의뢰를 하면 아드리엘 쪽에서 대신 만들어 주기도 합니다.

초보 광고자 입장에서는 '내가 지금 제대로 하고 있는지' 혼란스러운 경우가 가장 힘듭니다. 또한 문제가 발생했을 때 어떻게 대처하면 좋을지 몰라서 답답할 때도 있죠. 하지만 아드리엘에서 광고를 집행하면 전담 매니저가 배정되어 담당하므로 궁금한 점이나 문제가 생겼을 때 문의할 수 있어서 매우 유용합니다.

광고 집행이 처음이어도 이 정도의 환경이 갖춰지면 충분히 직접 광고를 집행해 볼 수 있으므로 자본과 인력이 부족한 업체의 사장님에게는 아드리엘 서비스를 권합니다. 이 서비스가 진행되면 10% 정도의 수수료가 발생합니다. 하지만 광고를 매우 쉽게 관리할 수 있고 광고 최적화 과정에 도움을 받으면서 궁금한 점을 편하게 물어볼 수 있다는 것을 생각하면 매우 큰 부담은 아니라고 생각합니다.

comment
물론 무조건 아드리엘 서비스를 이용해서 광고를 집행해야 한다는 말은 아니고 각자의 상황에서 필요에 따라 선택하세요.

아드리엘(Adriel) 세팅하기

1 아드리엘 홈페이지(adriel.com)에 접속해서 회원 가입을 합니다.
[새 광고 만들기]를 클릭하고 다음과 같은 화면이 열리면 원하는 옵션
을 선택한 후 [확인]을 클릭하세요.

❶ 캠페인 목표: 광고의 목적을 고릅니다. 광고를 통해 유입된 사람을 고객으로 전환
할 것인지, 많은 트래픽이 필요한지, 더 많은 사람에게 도달해야 하는지 등 광고 목적
에 따라 선택합니다.

❷ 광고할 랜딩 페이지: 광고할 페이지의 유형을 고릅니다. 상품의 상세 페이지나 발
행한 콘텐츠가 될 수도 있고 무료 자료를 신청받는 신청 페이지가 될 수도 있습니다.

❸ 광고할 플랫폼: 광고하고 싶은 플랫폼을 고릅니다. 각 플랫폼별로 최저 광고비가
있으므로 플랫폼을 많이 선택하면 더 많은 광고비를 지출하게 됩니다.

2 어느 채널에 어떤 소재로 광고할 것인지 정하는 페이지가 열리면 각 광고의 맨 위에 있는 '광고 활성화'를 통해 특정 채널에서 광고할 것인지의 여부를 결정할 수 있습니다. '이미지 또는 비디오 변경'을 클릭하면 광고 소재를 추가할 수 있고 '광고 텍스트 입력'을 클릭하면 문구를 변경할 수 있으므로 원하는 대로 설정한 후 [다음 단계]를 클릭하세요.

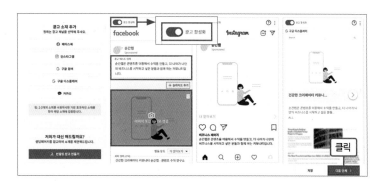

3 원하는 광고의 타깃(목표)을 설정하고 [다음 단계]를 클릭합니다.

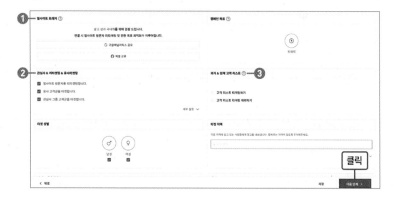

① **웹사이트 트래커**: '구글 애널리틱스'는 내 홈페이지에 방문한 사람을 분석해 주는 툴로, 구글 애널리틱스를 연결하면 내 홈페이지에 방문한 사람을 대상으로 광고할 수 있습니다. '픽셀'은 페이스북(메타)에서 제공하는 것으로, 홈페이지에 삽입하면 특정한 타깃을 정하는 데 도움을 줍니다.

💡**comment** 구글 애널리틱스 연결과 픽셀에 대해서는 161쪽에서 자세히 설명하겠습니다.

❷ **관심사 & 리타겟팅 & 유사타겟팅, 타겟 성별, 타겟 지역, 검색 키워드 등**: 해당 옵션을 상세하게 설정하면 광고를 통해 유입시키려는 사람을 좀 더 특정할 수 있습니다.
❸ **과거 & 현재 고객 리스트**: 이제까지 모은 이메일 구독자를 여기서 활용할 수 있습니다.

4 이제 하루에 광고비를 어느 정도 쓸 것인지, 언제부터 언제까지 광고할 것인지 지정해 볼게요. 원하는 대로 설정하고 [결제 및 집행요청]을 클릭합니다.

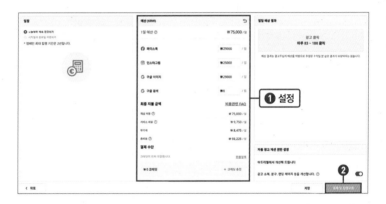

SUMMARY

아드리엘로 처음 광고를 집행해 본다면 어렵게 느껴질 수도 있겠지만, 차근차근 하나씩 따라해 보면서 한 번의 사이클만 제대로 운영해 본다면 금세 감을 잡을 수 있을 겁니다. 어렵거나 막히는 부분은 아드리엘 홈페이지에 문의를 남기면 도움을 받을 수 있으니 걱정 말고 시작해 보세요.

초보를 위한 메타(페이스북) 픽셀 & 구글 리타기팅 세팅하기

01 : 리타기팅을 잘해야 하는 이유

앞에서는 '아드리엘(Adriel)' 서비스를 이용해 광고를 좀 더 쉽게 관리하는 방법에 대해 설명했는데, 그중에서 '구글 애널리틱스'와 '픽셀'에 대해 좀 더 자세히 알아볼게요. 광고 집행을 통해 페이지를 노출하면 비용이 발생합니다. 아무리 적게 잡아도 보통 한 달에 10~20만 원 정도를 투자해야 합니다. 만약 과감하게 광고 집행을 하는 경우에는 억대의 비용도 흔하게 쓰곤 하죠. 이런 비용을 효과적으로 쓰려면 무작정 모든 사람을 대상으로 광고하는 것보다 '리타기팅'을 잘해야 합니다.

예를 들어, 내 상품을 한 번도 본 적 없는 사람과 홈페이지에서 상품을 보다가 구매하지 않고 나간 사람 중 어떤 사람이 광고를 보고 내 상품을 구매할 확률이 높을까요? 당연히 후자일 것입니다. 내 상품을 한 번도 본 적이 없는 잠재 고객은 이 상품이 무엇인지, 자신에게 도움이 되는지, 이 회사를 믿을 수 있는지 같은 수많은 궁금증을 지금 보는 광고로 모두 판단해야 합니다. 반대로 이전에 내 홈페이지에 들어와서 상품이나 콘텐츠를 보았던 잠재 고객은 이미 그런 정보를 알고 있는 상태에서 광고에 노출되므로 구매할 확률이 훨씬 높습니다.

02: 지나간 고객을 다시 끌어오는 광고 세팅 방법

광고를 집행할 때는 매번 새로운 잠재 고객에게 광고가 노출되는 것보다 적어도 한 번 이상 내 홈페이지를 방문했거나 내 상품과 관련된 정보를 찾아본 잠재 고객에게 광고가 도달하도록 하는 작업이 필요합니다. 실제로 이런 기능을 구현하기 위해서 내부 개발자의 도움을 받거나 전문가에게 컨설팅을 받는 경우도 많습니다. 아드리엘에서 제공하는 '구글 애널리틱스 공유'와 '메타(페이스북) 픽셀'을 이용하면 손쉽게 이러한 기능을 구현할 수 있어요.

+ 무작정 따라하기 +   **효과적인 리타기팅을 위한 서비스 세팅하기**

STEP 1 +
메타(페이스북)
픽셀 설치하기

페이스북 픽셀은 좀 더 쉽게 웹페이지 방문자의 행동을 추적할 수 있도록 해 주는 기능입니다. 페이스북에서 제공하는 '픽셀 코드'를 홈페이지에 입력하면 픽셀 설치가 완료됩니다.

1 페이스북 계정에 접속한 후 왼쪽 메뉴에서 [비즈니스 관리자]를 선택합니다.

2 내가 가진 계정 중에서 [비즈니스 계정]을 선택하고 '비즈니스 설정' 툴(⚙)을 클릭합니다.

3 [비즈니스 설정] 창에서 [데이터 소스]-[픽셀]을 선택합니다.

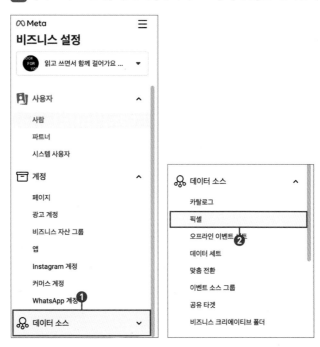

4 [픽셀] 화면이 열리면 [추가]를 클릭해 픽셀을 추가합니다.

5 픽셀 이름과 웹사이트 주소(옵션)를 입력하고 [계속]을 클릭합니다.

6 [지금 픽셀 설정]을 클릭합니다.

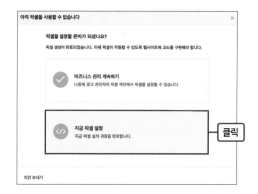

7 [웹사이트에 픽셀 코드 직접 추가]를 클릭합니다.

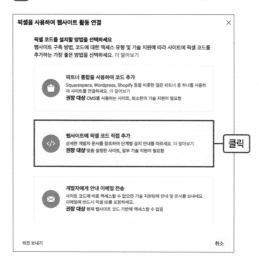

8 [픽셀 설치] 페이지의 픽셀 코드를 복사하고 [계속]을 클릭합니다.

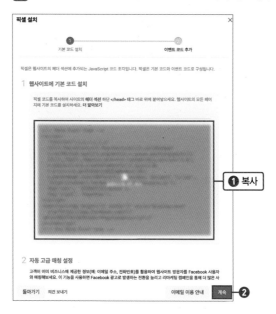

이번에는 Header & Footer 플러그인을 설치하고 **STEP 1**에서 복사했던 픽셀 코드를 붙여넣어 볼게요.

1 워드프레스 대시보드에서 [플러그인]–[새로 설치]를 선택하고 'Header & Footer'를 설치합니다.

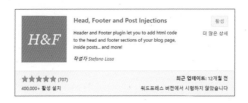

2 워드프레스 대시보드의 왼쪽 메뉴에서 [설정]–[Header & Footer]를 선택합니다.

3 해당 페이지에서 '〈HEAE〉 PAGE SECTION INJECTION'에 페이스북에서 복사한 픽셀 코드를 붙여넣고 [save]를 클릭합니다.

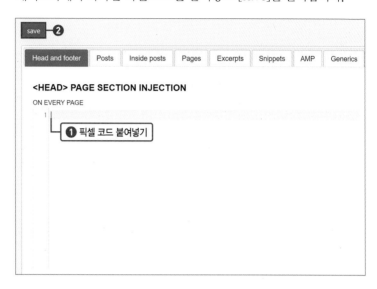

STEP 3 +
구글 애널리틱스
설정하기

1 139쪽을 참고하여 'Google site kit' 플러그인을 설치한 후 계정을 연동합니다.

2 구글 애널리틱스 계정과 페이스북 픽셀을 모두 설정했습니다. 이들 두 가지 항목이 설정되어 있으면 아드리엘에서 광고를 집행할 때 추가로 리타기팅 옵션을 세팅할 수 있어서 좀 더 정밀하게 광고를 집행할 수 있어요.

PART 5

따라하면서 배우는
실무 자동화 마케팅

이메일 마케팅 툴 활용해
자동화 시스템 세팅하기

지금까지 콘텐츠를 기반으로 하는 자동화 마케팅의 기본 과정을 다루었습니다. 해당 내용만 잘 이해하면 기본적인 자동화 마케팅을 구현하는 데 필요한 마인드셋을 충분히 구축할 수 있을 겁니다.

검색이나 SNS 채널, 또는 광고를 통해 유입된 사람들이 내 콘텐츠에 더 관심이 생겼을 때 우리는 무료 자료 제공을 제안하면서 고객 정보를 요청할 수 있습니다. 이때 받게 되는 고객 정보 중 이메일 주소를 활용해서 뉴스레터를 발행할 수 있습니다. 그리고 뉴스레터를 통해서 내 콘텐츠에 관심 있는 사람들을 홈페이지나 채널로 추가 유입시킬 수 있게 되죠. 그러면 홈페이지나 채널에서의 체류율이 높아지고 웹에서의 신뢰도가 높아지므로 검색 노출에 유리한 위치가 됩니다. 또한 추가로 제공하는 무료 자료를 확인하고 자신의 문제를 해결할 수 있을 것 같다는 확신이 든 사람은 유료 상품을 결제하는 단계까지 갈 확률이 매우 높습니다. 이 과정에서 추가로 사람이 많이 개입하지 않아도 고객이 나를 신뢰하게 만들고 내 상품을 검토하게 만들 수 있습니다.

이 책을 읽다 보면 이런 자동화 과정에 대해서 좀 더 자세히 알고 싶을 거예요. 그래서 이번에는 실제로 저희가 활용해 보았거나 실험해 보고 있는 자동화 툴과 이와 관련된 활용 아이디어를 공개해 보겠습니다.

우선 이메일을 활용하는 부분부터 설명할게요. PART 2에서 설명한 것처럼 국내외를 통틀어 수많은 이메일 마케팅 툴이 있지만, 핵심 기능은 서로 크게 다르지 않으므로 하나만 제대로 익히면 됩니다. 그러면 혹시 나중에 다른 툴을 쓰게 되어도 익숙해지는 데 큰 문제가 없습니다. 이 책에서는 국내에서 정식으로 서비스되고 있는 '스티비(stibee)'를 이용해 이메일을 발송해 보겠습니다.

+ 무작정 따라하기 + ## 스티비(stibee)로 이메일 자동화 시스템 세팅하기

STEP 1 +
웰컴 메일 발송하기

자신의 이메일 정보를 입력한 사람들이 가장 먼저 걱정하는 것은 '내가 제대로 입력한 게 맞나?' 하는 부분입니다. 이메일 정보를 입력한 직후 자동으로 웰컴 메일을 받을 수 있게 하면 구독자는 안심할 수 있어서 좋습니다. 또한 뉴스레터 제공자의 입장에서도 "제대로 입력된 것 맞나요?"와 같은 문의를 받지 않을 수 있어서 편리합니다. '스티비(stibee)'에서 웰컴 메일을 자동으로 보내려면 유료 서비스를 결제해야 합니다.

💡 comment 스티비뿐만 아니라 다른 이메일 마케팅 툴들도 자동 이메일 기능은 유료 서비스에 포함되어 있습니다.

1️⃣ 뉴스레터 서비스인 '스티비'의 홈페이지(stibee.com)에 접속해서 회원 가입을 합니다. 기존에 회원 가입되어 있으면 로그인하세요.

2 왼쪽 위에 있는 [이메일] 탭을 클릭합니다.

3 [이메일] 화면이 열리면 [+ 새로 만들기]를 클릭합니다.

4 [이메일 새로 만들기] 화면에서 '자동 이메일 만들기'를 선택합니다.

5 새로 구독한 사람에게 웰컴 메일을 보내고 싶은 주소록을 선택하고 [다음]을 클릭합니다.

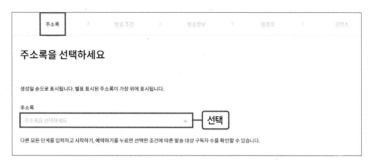

💡 **comment** 스티비에서 주소록을 만드는 방법은 PART 4의 128쪽을 참고하세요.

6 발송 조건을 설정하는 화면이 열리면 [+ 트리거 추가하기]를 클릭합니다.

💡 **comment** 자동화 구현 과정에서 트리거(trigger)란, 다음 동작이 일어날 수 있게 하는 선행 동작을 의미합니다. 예를 들어, 이메일을 구독한 사람에게 자동으로 웰컴 메일이 가도록 하려면 먼저 '이메일을 구독한다'는 동작이 일어나야 하는데, 이것이 트리거입니다.

7 [트리거 추가하기] 화면에서 '구독자 추가'를 선택하세요. 내가 선택한 주소록에 누군가의 이메일 주소가 추가되는 것, 즉 누군가가 이메일 주소를 입력하는 것이 이 자동화의 트리거가 됩니다.

8 발송 정보를 입력하는 화면이 열리면 이메일 제목과 발신자 이름, 미리 보기 텍스트 등을 입력할 수 있습니다.

9 [템플릿을 선택하세요] 화면이 열리면 사용하려는 템플릿을 선택합니다. 만약 제시된 템플릿 중 원하는 형태가 없으면 직접 만들 수도 있어요. 이럴 경우 '빈 템플릿'을 선택하고 [다음]을 클릭하세요.

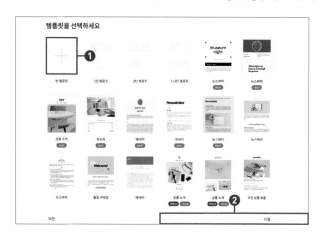

10 오른쪽 화면에서 [상자] 탭을 선택하고 '텍스트', '이미지', '버튼' 등의 요소를 클릭한 후 왼쪽의 빈 화면으로 드래그하면 원하는 대로 디자인할 수 있습니다(Drag & Drop 방식). 디자인을 끝냈으면 [시작하기]를 클릭합니다.

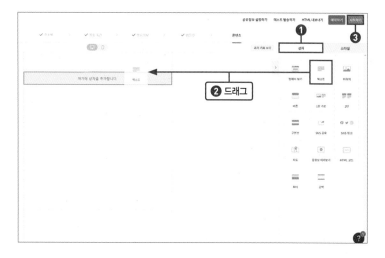

11 확인 화면이 열리면 [지금 시작하기]를 클릭하세요. 그러면 이제부터 뉴스레터 신청 폼에서 이메일 DB를 입력한 사람에게 자동으로 웰컴 메일이 전송됩니다.

 잠깐만요 | 웰컴 메일이 발송되는 또 다른 방법

'관리자가 추가한 경우도 포함합니다.'에 체크 표시하면 구독자가 신청 폼에 자신의 DB를 입력할 때뿐만 아니라 뉴스레터 관리자가 주소록에 직접 구독자의 DB를 넣을 때도 해당 웰컴 메일이 발송됩니다.

12 만약 웰컴 메일 보내기를 당장 시작하는 것이 아니라 특정한 날짜나 시간부터 시작하려면 [예약하기]를 클릭해서 원하는 시작 날짜와 시간을 지정할 수 있습니다.

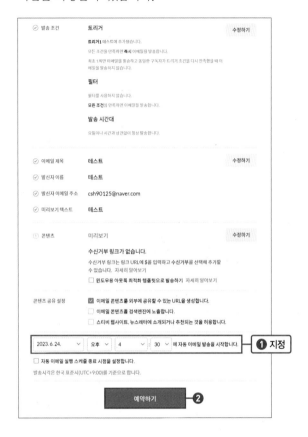

STEP 2 +

무료 자료를 신청한 사람에게 자동으로 메일 보내기

위에서 설명한 내용을 응용하면 무료 자료를 신청한 사람에게 자료를 일일이 보낼 필요 없이 신청 건이 발생하면 자동으로 발송되도록 지정할 수 있습니다. 여기서는 무료 자료 중 PDF를 자동으로 제공하도록 세팅해 보겠습니다.

1 **STEP 1**의 '웰컴 메일 보내기'와 같은 방식으로 이메일을 설정하되, 무료 자료를 받아볼 사람들의 주소록을 새로 만듭니다. 기존과 같은 주소록으로 설정해도 상관없습니다.

2 워드프레스 대시보드에서 [미디어]-[새로 추가]를 선택합니다.

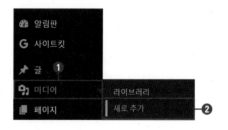

🗨 **comment**
아직 홈페이지를 만들기 전이라면 블로그나 유튜브, 카페 등 원하는 곳에 자료를 업로드한 후 해당 페이지의 링크를 활용할 수 있습니다.

3 무료 자료를 업로드합니다. 업로드한 PDF 주소를 곧바로 사용해도 되고 별도의 페이지를 만들어서 해당 PDF를 열람하도록 할 수도 있습니다. 여기서는 워드프레스에 곧바로 PDF를 업로드해서 그 주소를 사용하는 방식으로 설명할게요.

4 화면의 오른쪽 아래에 있는 [클립보드에 URL 복사]를 클릭해서 워드프레스 홈페이지에 올라간 PDF의 링크를 복사합니다.

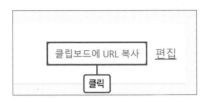

5 다시 스티비(stibee)로 되돌아가서 **STEP 1**의 '웰컴 메일 보내기'에서 진행했던 것과 똑같이 발송 조건을 설정하고 발송 정보를 입력합니다. 다음 이메일을 디자인하는 과정에서는 버튼 요소를 넣거나 링크를 추가하여 자료가 올라가 있는 페이지 링크를 붙여넣습니다. 여기까지 설정한 후 '웰컴 메일 보내기'처럼 화면의 오른쪽 위에 있는 [시작하기]를 클릭하면 신청한 사람에게 자동으로 무료 자료가 발송됩니다.

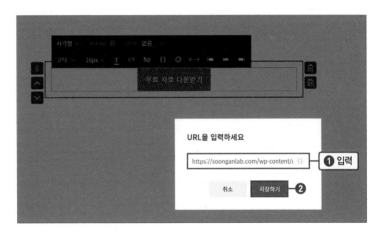

이메일 마케팅 서비스의 핵심은 '구독자'입니다. 구독자가 없으면 아무리 이메일을 세팅해도 발송되지 않을 테니까요. 홈페이지 구축 전부터 SNS 등을 통해 미리 구독자를 모은다면 홈페이지를 만들었을 때 시너지 효과가 더 커질 것입니다. 이번에는 워드프레스 홈페이지를 만들기 전에 스티비만 활용해서 구독자를 모으는 방법을 살펴보겠습니다.

1 스티비에 접속한 후 [주소록] 탭을 선택합니다.

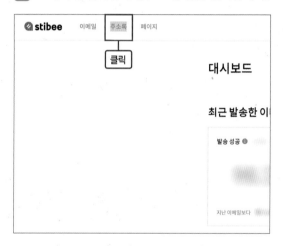

2 [주소록] 화면이 열리면 구독 페이지를 활용하고 싶은 주소록을 선택합니다.

3 [구독 화면] 탭을 선택하고 '구독 폼으로 구독 신청받기'를 활성화합니다. 빨간색 체크 표시가 보이면 이 순간부터 스티비에서 제공하는 구독 신청 페이지를 이용할 수 있어요.

4 화면의 아래쪽에 있는 링크를 눌러 구독 신청 페이지의 디자인을 확인합니다. 구독 폼을 그대로 사용할 수도 있지만, 다른 디자인이나 요소를 추가하기 위해 [수정하기]를 클릭하세요.

② 디자인 확인

5 구독 폼 수정 화면이 열리면 수정할 항목을 설정하고 [저장하기]를 클릭하세요.

💡 **comment** 이메일 주소 외에 구독자의 이름을 추가로 받고 싶으면 '이름'에 체크 표시하세요.

💬 **comment**
이렇게 유입시키면 홈페이지가 없어도 구독자를 모을 수 있습니다.

6 화면의 아래쪽에 있는 링크를 다시 눌러 원하는 대로 수정되었는지 확인합니다. 모두 수정했으면 이 링크를 SNS 프로필에 공유하거나 콘텐츠를 올릴 때마다 뉴스레터 구독을 요청하면서 링크로 안내할 수 있어요.

이메일 자동화 설계 활용해 서비스 차별화하기

01 : 자동화 마케팅을 대하는 자세

'자동화 마케팅'이라고 하면 보통 기술적인 요소를 떠올립니다. 그리고 더 신기하고 더 새로운 툴을 배우기 위해서 열심히 노력하는 경우가 많습니다. 자동으로 돌아가는 마케팅을 설계해 보고 고객을 좀 더 수월하게 관리하려면 다양한 툴을 다뤄보는 것이 좋습니다. 하지만 하나의 툴이라도 제대로 다뤄보기 위해 직접 실습해 보는 것이 더 중요합니다. 또한 이것을 어떻게 잘 이용할지 고민하고 발전시켜 가는 것도 중요하죠.

따라서 신기하고 새로운 툴을 더 많이 접하려고 노력하는 것보다 지금 나에게 왜 자동화가 절실히 필요한지 질문해 보아야 합니다. 그리고 정확히 어떤 부분에서 자동화가 필요한지 명확히 떠올려 보아야 합니다. 이런 부분이 명확하지 않으면 자동화와 관련된 강의나 툴을 다 소비해 보면서 언젠가 나한테 필요할 것 같은 정보를 수집만 하다가 지치게 됩니다. 실제로 이런 상황에 놓여서 지친 사람들의 속상한 이야기를 많이 듣곤 합니다. 수많은 툴을 알고 배웠지만, 실제로 자신의 사업에서는 전혀 사용하지 못하는 경우가 대부분입니다.

얼마나 좋고 새로운 툴을 배웠느냐가 중요한 게 아닙니다. 하나를 배워도 내 사업에 접목해서 특정 결과를 만들 때까지 파고드는 과정이 중요합니다. 그리고 이 과정에서 나만의 아이디어를 발견해 가는 게 더 중요합니다.

이번에는 앞에서 다루었던 이메일 자동화 시스템을 활용해서 좀 더 차별화된 서비스를 제공할 수 있게 만드는 몇 가지 아이디어를 공유하려고 합니다. 앞에서 설명했던 '자동 이메일' 발송 기능을 이용하면 특정한 조건을 만족할 경우 여러 통의 메일을 연속해서 보낼 수 있습니다. 예를 들어, 첫 번째 메일이 발송된 후 하루가 지나면 두 번째 메일이 발송되고, 그 다음 또 하루가 지나면 세 번째 메일이 발송되는 방식으로, 이것을 흔히 '스텝 메일(step mail)'이나 '연속 메일'이라고 부릅니다. 이런 기능을 스티비에서 구현하는 방법을 살펴볼 것인데, **3** 과정까지는 171쪽에서 설명했던 '웰컴 메일 발송하기'와 같습니다.

+ 무작정 따라하기 + **스티비(stibee) 구독 페이지 활용하기**

1 스티비(stibee)에 접속한 후 [이메일] 탭에서 [+ 새로 만들기]를 클릭합니다.

2 [이메일 새로 만들기] 화면이 열리면 '자동 이메일 만들기'를 선택하고 주소록 선택 화면에서 연속 메일을 보내고 싶은 주소록을 선택합니다.

3 연속 메일의 첫 번째 이메일의 트리거는 '주소록에 추가됨'을 선택하고 이메일을 디자인한 후 [시작하기]를 클릭합니다. 여기까지는 171쪽의 **STEP 1** '웰컴 메일 발송하기'와 같습니다.

4 연속 메일의 두 번째 이메일도 주소록 선택까지 동일하게 진행합니다.

5 두 번째 이메일의 [트리거 추가하기] 화면에서는 '발송 성공'을 선택합니다.

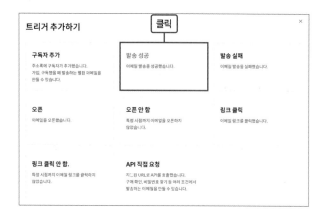

6 [트리거] 화면이 열리면 '이메일을 선택하세요'를 클릭합니다.

💡**comment** 사용할 수 있는 트리거는 다양하지만, 더 많은 구독자에게 연속 메일을 보내려면 '오픈'이나 '링크 클릭'보다는 '발송 성공'을 선택하는 방법을 추천합니다. '오픈'은 이전 이메일을 열어본 것을, '링크 클릭'은 이전 이메일에 들어 있는 링크를 클릭한 것을 의미합니다. '오픈'이나 '링크 클릭'을 한 사람들은 '발송 성공'된 사람들보다 적을 수밖에 없습니다.

7 **1**~**3** 과정에서 만든 첫 번째 이메일을 선택합니다.

8 '모든 조건을 만족하면 즉시 이메일을 발송합니다'에서 '즉시'를 선택합니다.

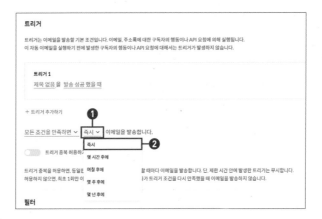

9 첫 번째 이메일이 발송되고 얼마의 시간이 흐른 후 두 번째 이메일을 발송할 것인지 설정할 수 있습니다.

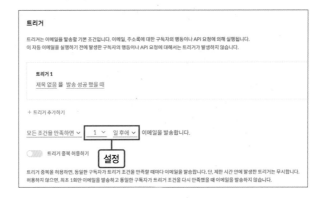

10 이후에는 다른 이메일과 마찬가지로 발송 정보를 입력하고 이메일을 디자인합니다.

11 [시작하기]를 클릭하면 그 순간부터 첫 번째 이메일이 성공적으로 발송되고 이후 일정 시간을 두고 두 번째 이메일이 발송됩니다.

02: 자동화 이메일 200% 활용하기

그러면 이런 기능을 어떻게 더욱 잘 활용할 수 있을까요? 대표적인 몇 가지 예를 살펴보겠습니다.

첫 번째 예, PDF 판매 후 사용법 안내 및 리마인드 서비스 제공

자동화 이메일은 PDF나 이와 비슷한 무형의 상품을 판매할 때 활용할 수 있습니다. 물론 PDF만 제공하고 끝낼 수도 있지만, 자동화 이메일을 통해 PDF를 더 잘 활용할 수 있는 방법을 안내한다면 어떨까요? 똑같은 PDF를 판매해도 고객 입장에서는 더 많이 케어를 받는다고 느낄 것입니다. 이런 부분을 자동화 이메일로 구현할 수 있습니다. 자동화 이메일은 리마인드 용도로도 훌륭한 역할을 합니다. PDF와 같은 상품은 고객이 깜빡 잊거나 나중에 읽으려고 하다가 놓치는 경우가 많습니다. 이때 자동화 이메일을 활용하면 PDF 판매 후 고객이 잘 읽고 있는지, 궁금한 것이 있는지 등을 이메일로 리마인드할 수 있어요. 그러면 고객이 PDF 자료를 끝까지 읽을 확률이 높아집니다. 이렇게 고객의 만족도를 높이는 데 자동화 이메일을 활용할 수 있습니다.

두 번째 예, 프로그램 진행 방식 안내

온라인과 오프라인에서 진행되는 교육이나 세미나도 이와 비슷한 방식을 사용해서 이메일로 안내할 수 있습니다. 물론 카카오톡의 단체 채팅방 같은 곳을 이용하는 경우도 많습니다. 하지만 카카오톡 단체 채팅방은 지난 대화가 위로 올라가버리는 특성이 있어서 같은 이야기를 여러 번 전해야 하는 경우가 발생합니다. 그래서 반복적으로 설명해야 하는 내용은 이메일로 따로 보내서 고객이 정보를 놓치지 않게할 수 있습니다. 이렇게 자동화된 이메일을 이용하면 고객이 문의하게될 여지도 줄일 수 있고 이런 이메일을 받고 질문하는 고객만 응대하면 되므로 안내할 때 에너지 소모도 훨씬 적습니다.

세 번째 예, 온라인 강의의 동기 부여

온라인 강의의 특성상 고객이 구매한 후 끝까지 수강하는지의 여부는 개인의 의지에 달려있습니다. 오프라인 강의와 다르게 '언제든지 들을 수 있다'는 인식 때문에 수강은 뒤로 밀리고 잊혀지기 쉬운 구조입니다. 하지만 고객 입장에서는 돈을 내고 구매한 강의를 기한 안에 제대로 수강하지 못하면 본인의 책임이라도 불만족스러울 수밖에 없습니다. 이럴 때 자동화 이메일을 이용해 리마인드를 하며 고객이 끝까지 수강할 수 있게 독려해서 만족도를 높일 수 있습니다.

이처럼 기존에 제공하고 있는 상품에 간단한 이메일 자동화 설계를 더하는 것만으로도 가치뿐만 아니라 고객의 만족도까지 더욱 올릴 수 있습니다. 실제로 필자들이 운영하는 프로그램이나 강의의 경우에도 기본적으로 이런 자동화 이메일이 탑재되어서 운영되고 있습니다.

타입폼과 재피어 활용해
더 많은 고객 정보 받기

고객의 DB를 수집할 때 이메일 외에 다른 정보가 추가로 필요할 수 있습니다. 전화번호나 현재 직업 또는 고민 등 DB 수집 목적에 따라 필요한 정보는 다양해질 수 있습니다. 이렇게 추가 정보를 다양하게 수집할 때 이메일 구독 폼만으로는 한계를 느낄 수 있어요. 스티비 자체에서 입력 폼을 추가해서 정보를 수집할 수도 있지만, 여기서는 다양한 정보를 입력하는 데 최적화된 타입폼(Typeform)으로 설명하겠습니다.

01 : 정보 입력에 최적화된 툴, 타입폼(Typeform)

타입폼은 구글폼과 마찬가지로 간단한 DB 수집부터 신청서, 제안서, 설문지 등에 다양하게 활용할 수 있는 툴입니다. 타입폼은 기능이 제한된 무료 버전을 쓸 수 있지만, 매월 일정한 금액을 지불하면 더 많은 기능을 사용할 수 있습니다. 유료임에도 불구하고 필자들은 타입폼을 오래 사용하고 있고 그만큼 값어치를 한다고 생각합니다. 이 툴을 잘 모르는 사용자를 위해 타입폼의 특징을 먼저 설명하겠습니다.

첫 번째 특징, 설문지 작성자에게 개인화된 느낌을 줄 수 있다.

구글폼은 별도로 설정하지 않는 한 모든 질문이 한 페이지에 쭉 나열되어서 나옵니다. 하지만 타입폼은 한 번에 하나의 질문만 나오므로 해당 질문 하나에만 몰입해서 답변할 수 있어서 몰입도가 더욱 높아집니다. 이런 구조이므로 앞의 질문에서 사용자가 한 답변을 다음 질문에서 불러올 수 있습니다. 예를 들어, 1번 질문에서 이름을 물어봐서 답변을 받았다면 2번 질문에서는 답변한 이름을 포함해서 질문을 만들 수 있어요. 이런 식으로 활용하면 좀 더 개인화된 느낌을 주고 끝까지 답변하는 데 도움을 줄 수 있습니다.

▲ 타입폼으로 이름 물어보기

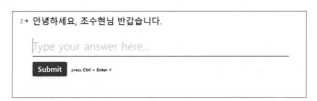

▲ 타입폼으로 이름 부르기

또 다른 사례를 살펴볼게요. 강의 만족도를 조사하면서 '이 강의는 10점 만점에 몇 점인가요?'라고 물어보고 답변을 받았다고 가정해 봅시다. 그 다음 질문에서 '(사용자의 이전 답변 점수)를 주셨군요. 그 이유를 알 수 있을까요?'라고 적어서 질문의 흐름을 좀 더 유지할 수 있습니다.

▲ 타입폼으로 만족도 점수 묻기

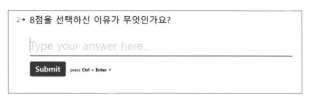

▲ 타입폼으로 점수를 준 이유 묻기

응답하는 사용자 입장에서는 일반적인 설문 폼을 입력할 때보다 좀 더 자신에게 맞춰지는 느낌을 받게 됩니다. 그 덕분에 설문에 몰입하고 끝까지 참여할 확률이 높아지는 것입니다.

두 번째 특징, 응답에 따라 다른 질문을 제공할 수 있다.

객관식으로 질문을 하면 사용자마다 다른 답변을 선택하게 됩니다. 이때 특정 답변을 선택한 사용자는 특정 질문에 응답할 필요가 없는 경우가 생깁니다. 가령 '이 상품에 만족하십니까?'라는 질문에 대해 '만족한다'고 답변한 사용자는 '불만족스러운 점을 알려주세요.'라는 질문을 그다음에 굳이 받을 필요가 없습니다. 이때 타입폼에서는 사용자가 어떤 답변을 선택하느냐에 따라 다음 질문을 다르게 해서 로직을 만들수 있습니다. 이 기능을 활용하면 간단한 테스트나 퀴즈를 만들어서 사용자의 참여도를 높일 수도 있습니다.

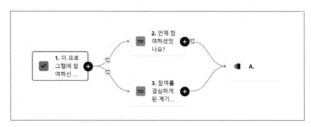

▲ 사용자의 답변에 따라 서로 다른 질문 내보내기

세 번째 특징, 다양한 디자인이 가능하다.

구글폼의 경우 디자인을 하고 싶어도 전체적인 색을 넣거나 간단한 이미지 정도만 넣을 수 있습니다. 하지만 타입폼은 배경색뿐만 아니라 글자 색과 버튼 색 등을 자유롭게 정할 수 있고 각 질문마다 다른 이미지나 영상을 넣어 꾸밀 수도 있습니다.

▲ 원하는 대로 배경색과 버튼 색을 바꾼 타입폼 화면

> 💡 comment 이 밖에도 구글 스프레드시트나 슬랙(Slack) 등과 같은 다양한 툴들과 설문 결과를 연동해서 활용할 수 있다는 장점도 있습니다.

02 : 코딩 없이 여러 툴을 연결해 주는 서비스, 재피어(Zapier)

타입폼을 스티비와 같은 이메일 서비스와 연결하면 좀 더 자세한 고급 정보를 얻으면서도 자동화된 이메일을 사용할 수 있습니다. 서로 다른 툴이지만, 각 툴에서 제공하는 API를 통해 서비스끼리 연결할 수 있습니다. 별도의 코딩 기술이 없어도 API를 통해서 서로 기능이 다른 툴을 연결해 주는 웹 서비스가 바로 재피어(Zapier)입니다.

재피어 서비스를 이용하면 타입폼에서 누군가 정보를 입력했을 때 이 정보를 이메일 마케팅 서비스로 곧바로 가져와서 자동화 이메일을 구현할 수 있습니다. 스티비를 타입폼과 같은 다른 설문 폼과 연결하는 방법은 스티비의 블로그(blog.stibee.com)에서 제공하고 있는데, 여기서는 재피어 사용법만 간단히 알아보겠습니다.

> 💡 comment API(Application Programming Interface)에서 '애플리케이션'은 고유한 기능을 가진 모든 소프트웨어를 의미하고 '인터페이스'는 두 애플리케이션 간의 서비스 계약을 의미합니다(aws.amazon.com 참조).

재피어로 타입폼과 스티비 연계하기

STEP 1 +

**타입폼에서
설문지 만들기**

1 '타입폼'의 홈페이지(typeform.com)에 접속해서 회원 가입을 합니다. 기존에 회원 가입되어 있으면 로그인하세요.

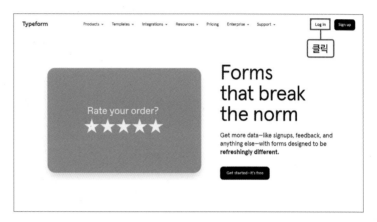

2 새로운 설문지를 만들기 위해 [+ Create typeform]을 클릭합니다.

3 [Create a new typeform] 화면이 열리면 'Start from scratch'
를 선택합니다.

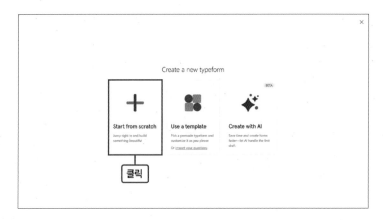

4 [Bring your new typeform to life] 화면이 열리면 'Give it a name'에 설문지의 이름을 입력하고 'What are you creating?'에서 무엇을 위해 설문지를 만드는지 선택한 후 [Continue]를 클릭하세요. 타입폼 쪽에서 더 나은 서비스를 위해 조사하는 것이므로 아무것이나 선택해도 상관없습니다.

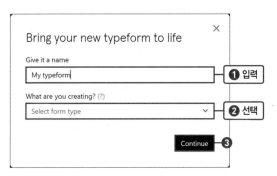

5 이번에는 설문 문항을 작성해 봅시다. [Question] 탭의 'Type'에서 객관식, 주관식, 서술식 등의 질문 형식을 선택할 수 있습니다. 여기서는 재피어를 이용해 스티비와 연결하는 것이 목적이므로 질문 중 '이메일' 항목은 반드시 넣습니다. 이 밖에도 이름이나 닉네임 정보를 받고 싶으면 해당 항목을 추가하면 됩니다.

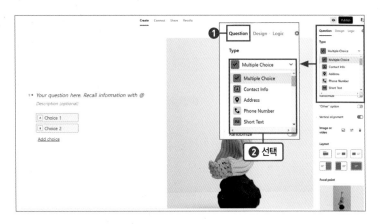

6 설문 문항을 모두 작성했으면 설문지를 공개하기 위해 [Publish]를 클릭합니다.

**재피어에서
트리거(trigger)
설정하기**

1 '재피어'의 홈페이지(zapier.com)에 접속해서 회원 가입을 합니
다. 기존에 회원 가입되어 있으면 로그인하세요.

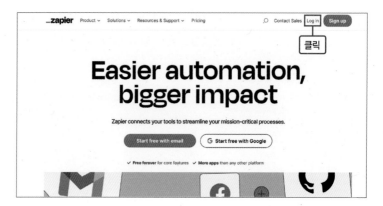

2 재피어 대시보드 화면에서 [+ Create Zap]을 클릭합니다.

3 [1. Trigger] 화면이 열리면 'typeform'을 검색합니다. 타입폼이
아닌 구글폼(Google Form)을 트리거로 선택할 수도 있습니다.

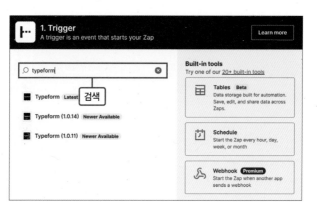

4 'Event'에서 [New Entry]를 선택합니다. 'Event'는 해당 프로그램에서 어떤 것을 트리거로 선택할 것인지 고르는 항목으로, [New Entry]는 타입폼에 새로운 응답이 들어오는 이벤트를 의미합니다. 즉, 타입폼에 새로운 응답이 완료되어 들어오면 트리거가 작동합니다.

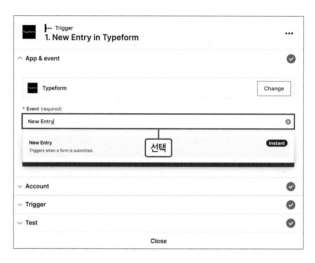

comment

해외의 자동화 서비스를 이용할 때는 구글 계정으로 가입하고 구글 크롬 브라우저에서 접속하면 편리합니다. 대부분의 서비스가 구글 계정으로 회원 가입을 지원하기 때문입니다. 그리고 구글 계정에서 로그인 정보를 기억하므로 번거로운 로그인 과정을 줄일 수 있어서 편리합니다.

5 'Account'는 타입폼에 가입된 계정을 의미합니다. 해당 버튼을 클릭해 타입폼 계정을 입력하고 로그인하세요.

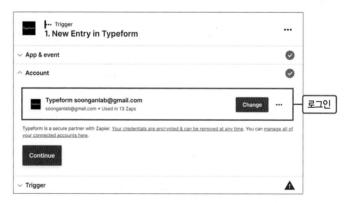

6 'Trigger'에서 'Form'을 선택할 수 있는 화면이 열리면 설문지 중 어떤 폼에 새 응답이 들어왔을 때 액션을 실행할지 설정합니다.

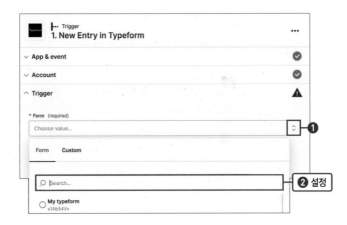

7 이 트리거가 실행할 수 있는 동작인지 테스트하기 위해 [Test trigger]를 클릭합니다.

이후에 이어지는 단계부터는 앞에서 설명한 것처럼 '스티비'의 블로그에서 자세한 과정을 소개하고 있습니다.

1 '스티비'의 블로그(blog.stibee.com)에 접속한 후 화면 위쪽에 있는 [이메일 마케팅]을 클릭합니다.

2 [이메일 마케팅] 페이지가 열리면 오른쪽 위에 있는 검색 아이콘 (Q)을 클릭하세요.

3 검색 창에서 '자동화'를 입력하여 검색하면 '스티비로 시작하는 이메일 마케팅 자동화'라는 제목의 포스팅이 나옵니다. 총 3편으로 나누어진 이 게시물을 참고하면 외부 신청 폼과 스티비를 연결하는 방법을 자세히 확인할 수 있어요.

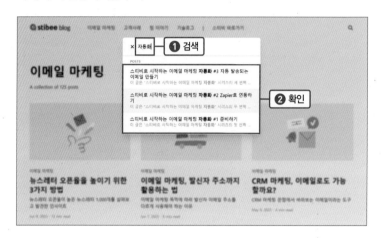

💡 **comment** 스티비 블로그의 포스팅에는 구글폼과 스티비를 연동하는 방법이 나와 있습니다. 구글폼과 연동하려면 포스팅 내용을 똑같이 따라 하세요. 타입폼과 연결하려면 재피어의 Trigger는 이 책의 본문 내용을 따라 설정하고 Action은 스티비 블로그의 포스팅을 따라 설정하세요.

4 해당 포스팅의 내용에 따라 재피어에서 액션을 설정하면 타입폼에 새로운 정보가 들어올 때 해당 정보를 스티비로 바로 전송할 수 있습니다. 이때 [Publish]를 클릭해서 재피어에서 만든 설정을 활성화하면 타입폼에 정보가 입력되었을 때 곧바로 스티비 이메일 주소록에 들어옵니다.

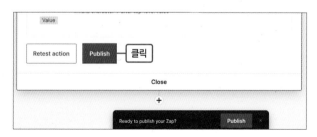

타입폼에서 곧바로 이메일 발송하기

앞에서 설명한 재피어는 자동화 마케팅 과정에서 다양하게 활용되므로 사용법을 익히면 매우 편리합니다. 다만 초보자라면 이 과정이 너무 복잡하고 어렵게 느껴질 수 있어요. 특히 재피어를 이용해서 타입폼과 스티비를 연동하려면 각각의 툴을 모두 유료로 결제해야 합니다. 이런 부분이 부담스럽다면 타입폼에서 정보를 입력한 사람에게 곧바로 자동 이메일이 전송되도록 설정할 수 있습니다.

1 타입폼에 로그인한 후 자동 이메일을 보내고 싶은 설문지를 선택합니다. 아직 설문지를 만들지 않았다면 [+ Create typeform]을 클릭해서 만들 수 있어요. 자동으로 이메일을 보내는 작업을 하려면 설문 내용 중 이메일을 수집하는 항목이 있어야 합니다.

2 오른쪽 위에 있는 ⚙ 아이콘을 클릭하고 [Follow-ups]를 선택합니다. 이 메뉴를 선택하면 사용자가 응답을 마친 후 자동으로 특정 기능을 수행할 수 있어요.

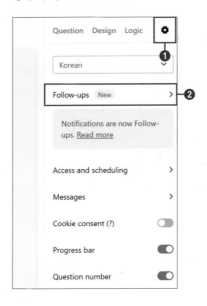

3 [Keep the conversation going] 화면이 열리면 [Create a follow-up]을 클릭합니다.

4 [Select a trigger to start] 화면이 열리면 [Add trigger]를 클릭합니다.

5 [What will trigger this follow-up?] 화면에서 세 가지 옵션이 나타나면 'Any response'를 선택하고 [Save]를 클릭합니다. 'Any response'를 선택하면 설문에 응답이 발생할 때마다 다음 액션(action)이 진행됩니다.

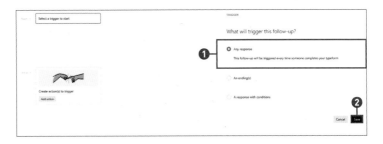

6 [Create action(s) to trigger] 화면이 열리면 [Add action]을 클릭합니다.

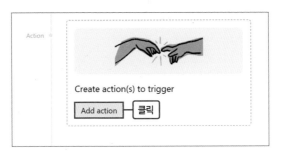

7 [What action would you like to trigger?] 화면이 열리면 응답자에게 자동으로 이메일을 보내는 'Send an email to respondents'를 선택합니다. 이 옵션을 선택하면 누군가 신청 폼을 모두 작성했을 때 응답자에게 자동으로 이메일이 전송됩니다.

8 [Set up your email] 화면이 열리면 발송자 정보를 입력하고 [Continue]를 클릭합니다.

9 [Content of your email] 화면에서 자동으로 보내고 싶은 이메일 내용을 입력합니다. 이때 응답자가 입력한 내용을 바탕으로 이름을 이메일 내용에 추가하거나 답변을 다시 상기시킬 수도 있어요. [Save]를 클릭하면 답변을 완료한 사람에게 타입폼 이름으로 미리 세팅된 이메일이 자동으로 발송됩니다.

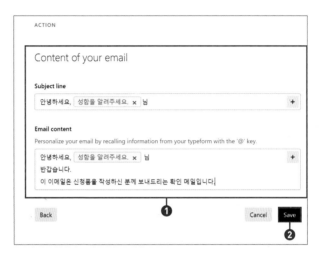

SUMMARY

다시 강조하지만 이 책에서 설명하는 자동화 설계 방식은 여러 예시 중 하나입니다. 이런 기능이 있다는 것을 배워도 자신이 하고 있는 일에 적용하면서 고민하는 치열한 과정이 없다면 효과가 없습니다. 그러므로 반드시 책이나 강의에서 배운 내용으로 직접 테스트하면서 자기만의 접근법을 만들어가는 게 매우 중요합니다. 실제로 나의 일에 도움이 되는 자동화를 구현하기 위해서 작은 시도라도 꼭 해 보기를 추천합니다.

홈페이지 발행 글을
자동으로 페이스북에 업로드하기

앞에서 재피어(Zapier)라는 웹 서비스를 잠깐 소개했습니다. 놀랍게도 재피어 서비스에서 연결할 수 있는 온라인 애플리케이션은 6,000가지가 넘습니다. 서로 자동으로 연결하면 시간과 인력을 줄일 수 있는 애플리케이션, 웹 앱이 대부분 포함되어 있죠.

국내에도 잘 알려져 있는 줌(Zoom), 구글 드라이브(Google Drive), 슬랙(Slack)과 같은 툴부터 이름이 낯선 툴들도 많습니다. 추가로 웹 훅(webhook) 기능을 사용하면 재피어에 등록되어 있지 않은 툴들도 서로 연결할 수 있으니 쓰임새가 정말 무궁무진합니다.

comment
웹훅(webhook)이란, 하나의 앱이나 웹이 다른 앱에 실시간으로 정보를 제공하는 방법입니다. 193쪽의 타입폼과 스티비를 연결하는 과정에서도 웹훅 기능을 사용했습니다.

계속 강조하지만 어떤 툴을 파고들어서 배우는 것도 중요하지만, 이런 툴들을 어떻게 연결해서 자연스럽게 자동화를 구현할지에 대한 아이디어를 생각하는 것이 훨씬 더 중요합니다. 이런 아이디어는 비즈니스 자체에 대한 고민과 고객과의 접점에서 힌트를 얻곤 합니다. 그리고 대부분의 툴 사용법은 해당 툴의 홈페이지나 유튜브에 다 나와 있고 모든 기능을 사용할 필요도 없습니다. 그러므로 내 사업에 필요한 부분을 빠르게 캐치하고 다른 툴과 연결하는 아이디어로 자동화된 프로세스를 전개할 수 있으면 충분합니다.

이번에는 재피어를 활용해서 자동화하는 또 다른 예시를 알아보겠습니다. 워드프레스 홈페이지에 글(post)을 발행하면 자동으로 페이스북에 링크가 공유되도록 만들어 보겠습니다. 이 과정을 응용하면 꼭 페이스북이 아니라 트위터 같은 곳에도 자동으로 글의 링크가 발행될 뿐만 아니라 이메일로 바로 보낼 수도 있습니다.

재피어와 페이스북 연계해 자동화 세팅하기

STEP 1 +

**워드프레스
홈페이지에
재피어 플러그인
설치하기**

1 워드프레스 대시보드에 접속한 후 [플러그인]−[새로 추가]를 선택합니다.

2 플러그인 검색 창에서 'zapier for wordpress'를 검색합니다.

3 해당 플러그인을 설치한 후 활성화합니다.

💡 **comment** 기존 홈페이지에 글이 1편 이상 올라가 있으면 **STEP 2**는 생략할 수 있어요.

1 워드프레스 대시보드에 접속한 후 [글]-[새로 추가]를 선택합니다.

2 글 제목을 입력합니다.

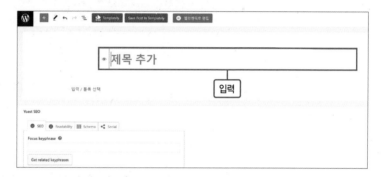

3 [엘리멘터로 편집]을 클릭해 편집 창에 들어갑니다.

4 업로드할 글이 있으면 업로드합니다. 만약 글이 준비되지 않았거나 테스트 목적이라면 임시로 텍스트를 입력하세요.

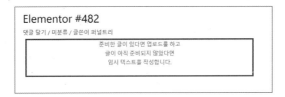

5 [게시]를 클릭해서 글을 발행합니다.

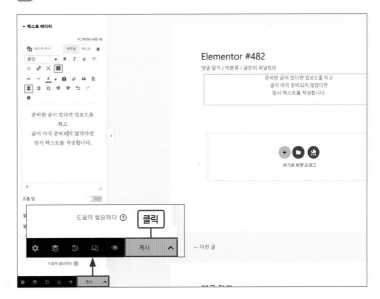

6 [업데이트]를 클릭해서 최종 발행을 합니다. 글의 상태가 '공개'인지 확인하세요.

STEP 3 +

재피어에서 툴 연결하기

1 '재피어' 홈페이지(zapier.com)에 로그인한 후 [+ Create Zap]을 클릭합니다.

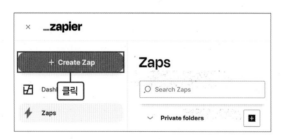

2 [1. Trigger] 화면이 열리면 트리거(trigger)로 'wordpress'를
검색하고 선택합니다.

3 [1. WordPress] 화면의 'Event'에서 [New Post]를 선택합니다.
새로운 글(post)을 올리면 다음 동작이 발생한다는 의미입니다.

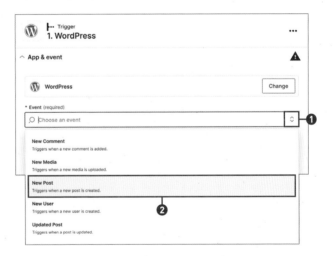

4 워드프레스 홈페이지 주소와 아이디, 비밀번호를 입력해 로그인
합니다.

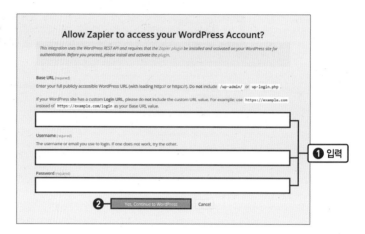

5 [1. New Post in WordPress] 화면이 열리면 'Trigger'의 'Post
Status'에서 [발행함]을 선택해 워드프레스 홈페이지에 글이 발행되
었을 때 다음 동작을 발생하게 합니다. 만약 [비공개]를 선택하면 워드
프레스에서 글을 비공개로 올렸을 때 다음 동작이 발생합니다.

6 'Post Type'에서 [글]을 선택하고 [Test trigger]를 클릭해 트리거가 제대로 작동하는지 확인합니다.

7 [2. Action] 화면에서 'facebook'을 검색합니다. 페이스북 페이지와 페이스북 그룹 등이 표시되면 [Facebook Pages]를 선택하세요.

8 [2. Facebook Pages] 화면이 열리면 'Event'에서 [Create Page Post]를 선택합니다.

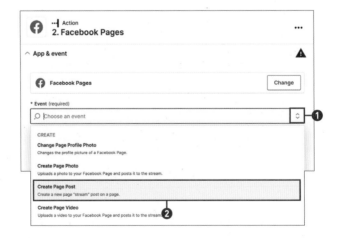

9 [2. Create Page Post in Facebook Pages] 화면의 'Account'에서 페이스북에 로그인합니다.

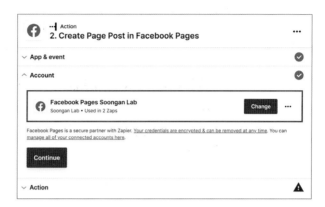

10 'Action'의 'Page'에서 페이스북 페이지 중 글을 발행하고 싶은 페이지를 선택합니다.

11 'Message'에는 페이스북 페이지에 글을 발행할 때 넣고 싶은 텍스트를 입력합니다. 이때 텍스트로만 입력하면 이 자동화 설정을 이용해서 글을 올릴 때마다 같은 메시지가 올라가므로 이것을 방지하기 위해 'Insert Data'를 활용할 수 있어요.

💡 comment   'Insert Data'를 활용하면 Trigger나 Action을 통해 모은 정보를 자동으로 입력할 수 있습니다.

12 'Message'에 '(발행된 글의 제목)라는 주제로 글을 적어보았습니다. 아래 링크를 통해 글을 보실 수 있습니다.'라는 메시지를 적어보겠습니다. 이때 '발행된 글의 제목'과 발행된 글의 링크가 자동으로 입력되도록 'Insert Data'의 'Title Rendered'와 'Link'를 활용합니다.

13 테스트하기 위해 [Test action]을 클릭합니다.

14 테스트 과정을 통해 페이스북 페이지에 워드프레스의 글이 자동으로 발행되었는지 확인합니다.

15 별다른 문제가 없으면 [Publish]를 클릭해 Zap을 오픈합니다.

SUMMARY

재피어를 포함한 자동화 마케팅의 핵심 개념은 '트리거(trigger)'와 '액션(action)'입니다. A라는 트리거가 생기면 자동으로 B라는 액션이 일어난다는 것을 설정하는 것이죠. 따라서 어떤 동작이 일어났을 때 그다음에 어떤 동작이 일어나기를 바라는지 구체적으로 떠올릴 수 있다면 재피어를 활용해서 자동화 작업을 구현할 수 있습니다.

ChatGPT 활용해
자동으로 홈페이지에 포스팅하기

2023년 1분기에 최고로 핫한 키워드를 뽑는다면 단연 'ChatGPT'일
것입니다. OpenAI에서 만든 이 생성형 AI는 어떤 명령을 하는지에
따라 질문에 답변을 하거나, 코딩을 하거나, 글을 요약하거나 재구성
하는 등 수많은 기능을 제공하고 있어요. 앞에서 설명했던 자동화 설
계에 ChatGPT를 더하면 콘텐츠를 만들 때 제로베이스에서 시작하는
게 아니라 AI가 가져다주는 정보를 활용할 수 있습니다. 이렇게 되면
콘텐츠를 만드는 시간을 획기적으로 줄일 수 있어서 비교적 양질의 콘
텐츠를 대량으로 쉽게 발행할 수 있습니다.

이번에는 타입폼을 이용해서 ChatGPT에게 글을 쓰라고 요청한 후
이렇게 만들어진 글을 워드프레스 홈페이지에 자동으로 포스팅하는
방법을 설명하겠습니다. 이 기능을 이용하고 싶다면 재피어도 유료 서
비스를 이용해야 합니다.

ChatGPT로 작성한 글을 자동으로 홈페이지에 포스팅하기

STEP 1 +

**타입폼에서
설문지 제작하기**

1 우선 타입폼에서 새로운 설문지를 만듭니다. 이때 질문은 Chat GPT에게 어떤 것을 요청할지에 따라 달라질 수 있는데, 여기서는 세 가지 질문을 통해 간단하게 포스팅을 만들어 볼게요.

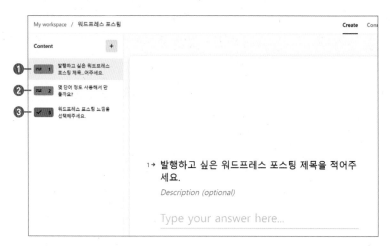

❶ 발행하고 싶은 워드프레스 포스팅 제목을 적어주세요.

❷ 몇 단어 정도 사용해서 만들까요?

❸ 워드프레스 포스팅 느낌을 선택해주세요.

2 제작한 타입폼 설문지에 테스트용 답변을 작성합니다.

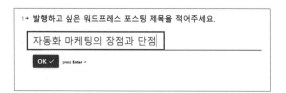

💡 **comment** 재피어에서 자동화 설정이 제대로 돌아가는지 테스트할 때, 기존에 입력해 놓은 값이 없으면 테스트가 진행되지 않습니다. 그러므로 테스트용 답변을 미리 입력해 놓으면 좀 더 편하게 작업할 수 있습니다.

1 ChatGPT 개발사인 OpenAI의 홈페이지(openai.com)에 접속합니다.

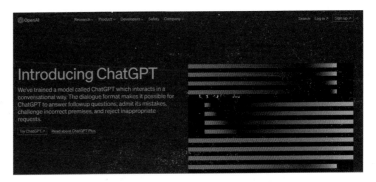

2 위쪽 메뉴에서 [Developers] – [Overview]를 선택합니다.

3 [Welcome back] 화면이 열리면 로그인하세요. 만약 회원이 아니라면 회원 가입을 먼저 진행합니다.

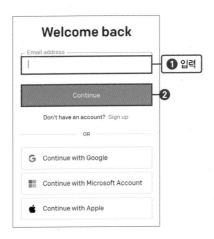

4 오른쪽 위에 있는 계정 정보를 클릭하고 [View API keys]를 선택합니다.

5 [+ Create new secret key]를 클릭합니다.

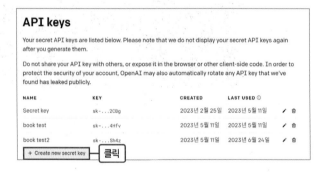

6 [Create new secret key] 화면이 열리면 API 키의 이름을 입력하고 [Create secret key]를 클릭합니다. 선택 사항이므로 입력하지 않아도 API 키를 발급할 수 있어요.

7 숫자와 영문이 섞여 있는 API 키가 생성되어 표시되면 이 키를 복사한 후 [Done]을 클릭합니다.

💡 **comment** OpenAI 기준으로 한 번 만들어진 API 키는 보안 정책으로 인해 다시 볼 수 없으므로 잘 복사해서 저장해 둡니다. 이때 API 키가 외부로 유출되지 않도록 주의해야 합니다.

STEP 3 +

재피어에서 툴 연결하기

1 '재피어' 홈페이지(zapier.com)에 접속한 후 [+ Create Zap]을 클릭합니다. [1. Trigger] 화면이 열리면 'typeform'을 검색한 후 [Typeform]을 선택하세요.

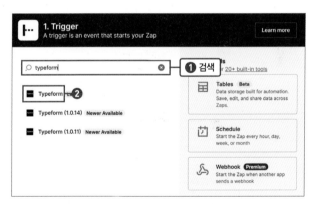

2 [1. New Entry in Typeform] 화면이 열리면 'Event'에서 [New Entry]를 선택합니다.

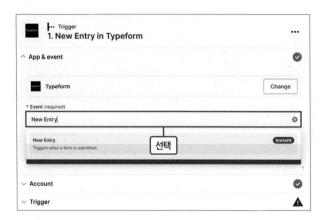

3 'Account'에서 타입폼 계정에 로그인합니다. 이전에 재피어를 통해 타입폼에 로그인한 기록이 있으면 정보가 저장되어 있어서 별도로 로그인할 필요가 없어요.

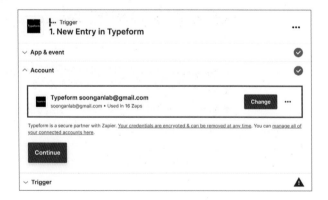

4 'Trigger'의 'Form'에는 **STEP 1**에서 만든 타입폼 설문지인 [워드프레스 포스팅] 폼을 선택합니다.

5 [Test trigger]를 클릭해 정상 작동하는지 확인합니다.

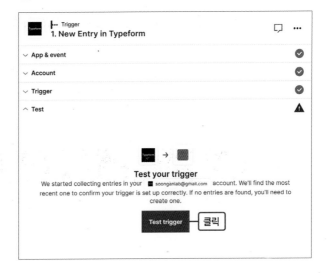

6 [Continue with selected record]를 클릭해 다음 단계로 넘어
갑니다.

7 [2. Action] 화면이 열리면 'chatgpt'를 검색한 후 [ChatGPT]를
선택합니다.

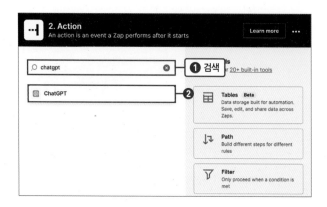

8 'Event'에서 [Conversation]을 선택합니다.

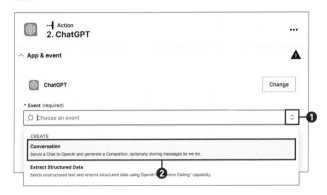

9 재피어에서 ChatGPT를 사용하기 위해 로그인합니다. 이때 **STEP 2** 의 **7** 과정에서 복사해 두었던 API Key를 붙여넣기하여 입력합니다.

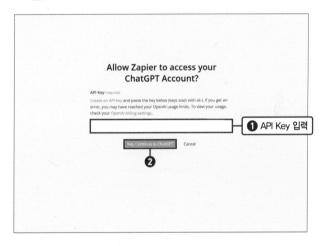

10 'Action'의 'User message'에서는 ChatGPT에게 어떤 메시지를 보낼 것인지 지정할 수 있는데, 다음의 화면과 같은 메시지를 보내겠습니다. 타입폼에 입력되는 답변에 맞추어 ChatGPT가 새로운 답변을 생성하도록 216쪽에서 설명했던 것처럼 Insert Data를 이용하세요.

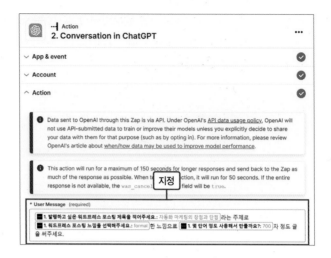

11 다른 부분은 그대로 두고 'Max Tokens'만 '1000'으로 변경한 후 [Continue]를 클릭합니다.

💡 **comment** Token은 ChatGPT에 입력하는 데이터의 양을 의미합니다.

12 [Test action]을 클릭합니다. 이때 타입폼에서 추출한 정보를 통해 ChatGPT에게 명령하고 다시 정보를 받아와야 하므로 시간이 조금 걸릴 수 있습니다.

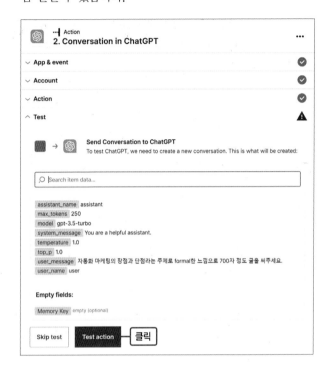

13 테스트 결과를 확인합니다.

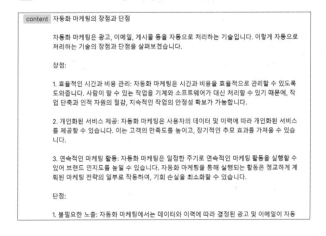

1 이제 이렇게 만든 글을 워드프레스 홈페이지에 자동으로 업로드 해 보겠습니다. 화면의 아래쪽에 있는 [+]를 클릭하면 또 다른 Action 을 선택할 수 있어요.

2 두 번째 Action의 App은 [WordPress]를 선택합니다.

3 'Event'에서는 [Create Post]를 선택합니다.

4 재피어에서 워드프레스 홈페이지에 로그인합니다.

5 'Action'의 'Post type'에서 [글]을 선택합니다. 그러면 ChatGPT를 통해 만든 텍스트를 워드프레스 홈페이지에 글로 업로드할 수 있어요.

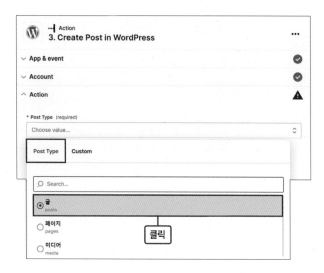

6 'Title'에서 'Insert Data'를 이용해서 타입폼의 정보를 끌어옵니다.

7 'Content'에서도 'Insert Data'를 이용해서 ChatGPT의 정보를 끌어옵니다.

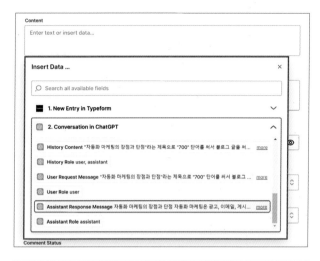

8 홈페이지에 글이 올라갈 때 곧바로 발행되는 것이 아니라 한 번 수정한 후 올리고 싶으면 'Status'에서 [임시글]이나 [비공개]를 선택합니다. 이렇게 선택하면 ChatGPT를 통해 쓴 글이 임시글이나 비공개 상태로 워드프레스 홈페이지에 올라갑니다.

9 모두 설정했으면 [Test Action]을 클릭하세요. 테스트가 진행되면서 워드프레스 홈페이지에 글이 게시되는 것을 확인할 수 있습니다.

10 [Publish]를 클릭해 작동합니다. 이제부터는 타입폼에 원하는 정보만 입력하면 곧바로 워드프레스 홈페이지에 ChatGPT가 생성한 글이 업로드됩니다.

자동화 마케팅의 장점과 단점

클래식

자동화 마케팅의 장점과 단점

자동화 마케팅은 광고, 이메일, 게시를 등을 자동으로 처리하는 기술입니다. 이렇게 자동으로 처리하는 기술의 장점과 단점을 살펴보겠습니다.

장점:

1. 효율적인 시간과 비용 관리: 자동화 마케팅은 시간과 비용을 효율적으로 관리할 수 있도록 도와줍니다. 사람이 할 수 있는 작업을 기계와 소프트웨어가 대신 처리할 수 있기 때문에, 작업 단축과 인적 자원의 절감, 지속적인 작업의 안정성 확보가 가능합니다.

2. 개인화된 서비스 제공: 자동화 마케팅은 사용자의 데이터 및 이력에 따라 개인화된 서비스를 제공할 수 있습니다. 이는 고객의 만족도를 높이고, 장기적인 추모 효과를 가져올 수 있습니다.

3. 연속적인 마케팅 활동: 자동화 마케팅은 일정한 주기로 연속적인 마케팅 활동을 실행할 수 있어 브랜드 인지도를 높일 수 있습니다. 자동화 마케팅을 통해 실행되는 활동은 정교하게 계획된 마케팅 전략의 일부로 작동하여, 기회 손실을 최소화할 수 있습니다.

💡 **comment** 임시글이나 비공개 상태로 발행했다면 적절히 수정한 후 업로드하면 됩니다.

PART 6

자동화 마케팅에 관한
오해와 진실

Section 01

자동화 마케팅이면 과정도 자동화일까?

01 : 원하는 대로 자동화 마케팅을 구현하기 위해 필요한 것

PART 4에서는 콘텐츠를 기반으로 자동화 마케팅을 실행하는 데 필요한 기본적인 세팅 방법을 안내했고 PART 5에서는 한발 더 나아가 자동화 툴을 다양하게 적용하는 방법을 설명했습니다. 평소에 자동화 과정에 관심이 있었다면 이런 내용을 보면서 시도하고 싶은 아이디어가 떠올랐을 거예요. 하지만 이 책을 통해 처음 접하는 내용이 많았다면 조금 막연하게 느껴졌을 겁니다.

자동화 마케팅을 진짜 원하는 대로 구현하려면 HOW TO가 전부가 아니라 그 이상의 것이 필요하다고 강조합니다. 왜냐하면 실제로 HOW TO를 기반으로 강의하면서도 시행착오를 겪기 때문입니다. 그리고 HOW TO만 쫓으면서 새로운 스킬을 공부만 하고 실전에 적용하지 못하는 안타까운 경우가 수없이 많기 때문입니다.

이번 파트에서는 자동화 마케팅을 익히면서 겪을 수 있는 현실적인 어려움과 극복 방안에 대해 설명하겠습니다. 이 책을 집필한 필자들이 자동화 마케팅을 배우고 적용하는 과정에서 겪었던 날 것(raw)의 경험담뿐만 아니라 다양한 기업의 자동화 컨설팅을 진행하면서 겪은 시행착오와 성과를 바탕으로 한 현실적인 이야기가 담겨 있습니다. 이번 파트의 내용을 잘 기억하고 자동화 마케팅과 관련된 공부를 한다면 HOW TO만 공부하는 사람들과 100% 차별화된 접근을 할 수 있을 뿐만 아니라 시행착오를 건강하게 극복할 수 있을 것입니다.

02 : 자동화 시스템 제작 과정이 자동화될 수 없는 이유

먼저 자동화 시스템을 만드는 과정에 대한 이야기로 시작하겠습니다. 자동화 마케팅을 하는 목적과 방법은 사람마다, 기업마다 서로 다릅니다. 하지만 이런 시도를 하는 이유를 하나의 키워드로 표현하면 '효율화'라고 할 수 있어요.

소규모 기업에 효율화가 필요한 이유

1인 기업뿐만 아니라 스타트업이나 소규모 기업은 어쩔 수 없이 소수 인원이 많은 일을 담당하게 됩니다. 단순히 일의 양이 많을 뿐만 아니라 일의 종류도 매우 다양합니다. 아무리 사업 규모가 작아도 상품 제작이나 사입, 유통 및 판로 개척, 판매와 배송, CS 업무는 대부분 포함되니까요. 직접 마케팅을 하면서 지속적으로 콘텐츠를 만들고, SNS 채널을 관리하며, 잠재 고객들과 소통도 해야 하고, 광고 소재도 만들어야 합니다. 계획한 대로 매출이 잘 나오지 않으면 계속 개선하는 작업과 스터디도 필요합니다.

보통 필요한 인력을 더 고용하면 해결할 수 있다고 단순하게 생각하는 경우도 있어요. 하지만 수익이 한정된 상황에서 업무에 필요한 직원을 계속 늘리는 것은 무척 부담스럽습니다. 인원이 늘면서 생기는 커뮤니케이션 비용과 교육 비용도 만만치 않고 노동법과 관련된 이슈도 챙겨야 하기 때문이죠.

전체적인 업무 프로세스에 대해 치열하게 부딪히면서 효율성과 체계를 만들지 않은 상태에서는 직원을 늘려도 일은 일대로 많고 성과는 성과대로 나지 않는 상황이 벌어지곤 합니다. 또는 비효율적으로 일하면서 매출을 짜내는 방식으로 성과를 내기 때문에 직원들이 오래 버티지 못하기도 합니다.

안정적으로 인력을 늘리기 위해서라도 자동화 마케팅을 이용해서 시스템을 구축하는 것은 매우 중요합니다. 잘 만들어진 자동화 마케팅 시스템이 있으면 최소한의 인력으로도 극대화된 수익을 만들 수 있어요. 이것은 직원들의 사기와 만족도에도 직결되고, 회사 분위기와 근속에도 영향을 미치며, 장기적으로는 회사의 생존 여부까지 결정하는 요인이 됩니다. 시스템이 갖춰져 있지 않고 효율성이 떨어지는 회사에서 즐겁게 일할 수 있는 직원은 별로 없기 때문입니다.

수동화 경험이 탄탄한 자동화 시스템을 만든다.

이 책을 읽고 있는 여러분도 이런 부분을 기대하면서 자동화 마케팅 시스템을 공부할 것입니다. 그런데 여기서 꼭 기억해야 하는 것이 있어요. 도달하게 될 목표는 자동화이지만, 그 과정은 절대 자동화가 될 수는 없다는 사실입니다. 이 부분을 많은 사람이 간과하고 있습니다. 자동화에 이르는 과정에서 수동화를 충분히 경험하지 않았다면 그 자동화는 모래 위에 지은 성과 같습니다.

세상에 손해 보는 걸 좋아하는 사람이 있을까요? 이 질문에 고개를 끄덕일 사람은 없을 것입니다. 누구나 이득을 보고 싶어 하지, 손해를 보고 싶어 하진 않으니까요. 물론 예상치 못하게 손해를 감수할 일이 생길 수는 있지만, 작정하고 일부러 손해 보고 싶어 하는 사람은 거의 없을 겁니다. 그래서 대부분의 사람은 새로운 것을 배울 때 책을 읽고 강의를 듣습니다. 좋은 책과 강의는 몇 년 동안의 시간과 투자한 비용이 응축된 노하우가 담겨 있어서 맨땅에 헤딩하면서 배우는 것보다 시간과 에너지를 훨씬 아낄 수 있기 때문입니다.

책과 강의를 통해 배우는 것은 현명한 선택입니다. 누군가가 짧게는 몇 년, 길게는 수십 년 동안 연구한 것을 단 몇 시간 만에 '접할 수 있다'는 것은 획기적이니까요. 하지만 그렇기 때문에 오히려 심각한 오류를 범하기도 쉽습니다. 책이나 강의를 보는 과정은 딱히 막힐 게 없습니다. 읽으면 되고 들으면 되니까요. 그래서 실제 현실에 적용할 때도 막힘이 없을 것 같다는 착각을 하게 됩니다.

이 책만 보면 곧바로
완성도 높은 자동화 마케팅 시스템을 손에 넣을 수 있습니다!

이런 식으로 후킹하는 이야기를 대대적으로 하고 싶습니다. 하지만 실제 현실은 그렇지 않다는 것을 너무 잘 알고 경험했으므로 매우 조심스럽습니다. 실제로 이 책의 설명에 나온 그대로 따라 했는데 결과물이 다르게 나올 수도 있어요. 이것의 원인은 매우 다양합니다. 툴이 업데이트되어 설명에 나와 있지 않은 과정이 약간 추가되었을 수도 있고 각자의 컴퓨터 환경이 미세하게 다르게 설정되어 충돌하는 경우도 있습니다. 또한 자동화를 위한 콘텐츠를 만들다가 중간에 지쳐서 멈추고 싶어질 수도 있습니다.

만약 이후에 이런 시간을 겪게 된다면 오히려 그 시간을 두 팔 벌려 환영하라고 말하고 싶습니다. 매우 중요한 이야기이니, 꼭 기억해 주세요. 이런 태도를 익힌 사람과 그렇지 않은 사람은 앞으로 맞이하게 될 결과물이 0과 100만큼 큰 차이가 날 테니까요.

03: 문제 해결력을 길러가는 사람 vs 그렇지 못한 사람

처음부터 고생을 피하면서 좀 더 '효율적'이라는 이유로 빠르게 가는 방법만 쫓아가다 보면 진도가 빨리 나가는 것처럼 보일 수 있습니다. 하지만 결국에는 금방 한계에 부딪히게 됩니다. 안타까운 것은 효율적인 방법만 쫓으려고 하는 태도가 계속 남아 있어서 그 한계의 굴레도 벗어나기 어렵다는 것입니다.

작은 규모의 문제를 만났을 때부터 이 문제를 어떻게 해결할지 고민하고, 시도하고, 깨지고, 적극적으로 돌파하려고 해야 더 큰 문제를 만났을 때도 기꺼이 해결 방안을 떠올리기 위해 노력합니다. 이렇게 하려면 앞에서 설명했듯이 위기가 왔을 때 두 팔 벌려 환영하는 태도를 연습해야 합니다. 결국 이런 방식을 통해서 진정한 '문제 해결력'을 탑재할 수 있게 됩니다. 그렇지 않으면 '자동화 마케팅'이라는 꿈 같은 현실은 진짜로 꿈에서만 만나야 할 수도 있습니다.

배운 그대로 따라가도 생각하지도 못한 문제는 계속 생깁니다. 툴을 다루면서 오류가 발생하는 일은 정말 많고 초기에 자동화를 세팅한 후에도 내가 가진 자원을 총동원해서 지속적으로 테스트해야 합니다. 문제 해결력을 키운 사람은 이런 난관을 만났을 때 새로운 방법을 계속 찾으면서 어떻게든지 다음 단계로 나아갈 수 있습니다. 하지만 효율성만 쫓으면서 계속 문제를 회피해온 사람은 투덜거리면서 안 된다고 단정해버리거나 이런저런 탓을 하면서 스스로를 합리화합니다. 당장 구글에서 검색만 해도 나오는 솔루션이 있는데, 그 1분을 투자할 생각도 하지 못하고 포기해버리곤 합니다.

아무리 작은 문제를 만나더라도 기쁜 마음으로 해결하겠다고 다짐하고 웃으면서 노력해 보세요. 이 방법이 오히려 비효율적이어도 상관없습니다. 문제를 효율적으로 해결해 보겠다고 빙빙 돌면서 회피하는 식으로 접근해서는 진짜 문제 해결력을 키울 수 없습니다. 결과적으로 문제를 효율적으로 해결하는 사람은 수많은 비효율을 직접 감당해 보면서 문제 해결의 기쁨을 자주 만끽했을 때 탄생합니다. 이것은 매우 아이러니한 부분이고 아무도 이런 부분에 대해서 이야기해 주지 않으므로 똑똑한 사람들이 오히려 원하는 성과를 내지 못합니다.

이 책을 통해 독자 여러분은 시간과 비용을 많이 아낄 수 있을 것입니다. 하지만 이 말이 독자 여러분이 겪어야 할 시행착오를 완전히 피하도록 만든다는 뜻으로 전달되지 않았으면 좋겠습니다. 시행착오를 조금이나마 즐겁게 경험하도록 만들어줄 수는 있습니다. 그리고 이것이 진정한 문제 해결력을 키우고 건강한 자동화 시스템을 구축하는 데 큰 도움이 될 것입니다.

완성된 자동화 시스템은 대단해 보일 수 있지만, 이 시스템을 만드는 과정은 결코 화려하지 않습니다. 무조건 효율성만 따지기보다 문제를 정면으로 돌파해 보면서 이런 문제를 다시는 무식하게 경험하지 말아야겠다고 다짐하는 것이 오히려 더 가치 있습니다. 이 책을 통해서 허울뿐인 자동화가 아니라 진짜 내가 직접 통제할 수 있고 즐길 수 있는 자동화 구축과 문제 해결력에 대해서 정확하게 알기를 바랍니다.

완벽하게 마케팅 전략을 짰을 때 빠지는 함정

01 : 효과적인 마케팅 전략, 퍼널(funnel)

'퍼널(funnel)'이라는 단어를 들어보셨나요? 퍼널은 원래 '깔때기'라는 뜻으로, 마케팅 쪽에서는 '세일즈 퍼널'이나 '마케팅 퍼널'과 같은 표현으로 쓰입니다.

상품을 잘 알지도 못하는 사람에게 구매하라고 이야기하는 것은 마치 처음 소개팅한 사람에게 결혼하자고 말하는 것과 같습니다. 마케팅 퍼널을 구축하기 위해 콘텐츠와 무료 자료, MVP 상품(Minimum Viable Product, 최소 기능 상품) 등을 이용해서 소비자가 브랜드와 상품에 익숙해지게 만드는 과정이 필요하다는 것은 독자 여러분도 이제 이해할 것입니다.

> 💡 **comment** 신태순 작가가 집필한 《게으르지만 콘텐츠로 돈은 잘 법니다》에서는 한국형 퍼널 구축법에 대해서 자세히 다루고 있습니다.

마케팅 퍼널의 각 단계를 거칠 때마다 일반 소비자에서 타깃 고객으로, 타깃 고객에서 예비 고객으로, 예비 고객에서 실제 고객이 되고, 그다음 충성 고객으로 추려집니다. 이렇게 점점 추려지는 모습이 깔때기와 같다고 해서 '마케팅 퍼널'이라고 부르는 것입니다. 이런 표현에는 익숙하지 않아도 앞에서 설명한 과정은 익숙할 수 있습니다. 온라인 비즈니스에 한 번이라도 관심을 가져보았다면 PDF를 무료로 배포하는 것을 많이 보았을 것입니다. 이것은 마케팅 퍼널에 유입하게 만드는 대표적인 방식 중 하나입니다. 실제로 10여 년 전부터 이 방식으로 꾸준히 효과를 보고 있어요.

이 책에서 말하는 '자동화 마케팅'은 잘 짜여진 퍼널이 기반이 되었다고 보면 됩니다. SNS에서 콘텐츠를 보고 랜딩 페이지에 유입된 사람들 중 상품에 좀 더 관심이 있는 사람은 무료 자료를 받아보고 자신의 문제를 해결할 수 있다고 판단되면 MVP 상품을 구매하죠. 여기서 한 걸음 더 나아가면 메인 상품 구매로 이어집니다.

실제로 이런 마케팅 전략은 매우 매력적인 방식입니다. 고객에게 무조건 비싼 제품을 파는 게 아니라 정보성 콘텐츠와 타기팅된 무료 자료, 구매하기 쉬운 MVP 상품 등 일련의 과정을 거치도록 만들었으므로 파는 입장에서 고객을 설득하려고 애쓰지 않아도 되어 편합니다. 구매하는 입장에서도 각 퍼널 단계에서 무료나 저렴한 비용을 지불하는 단계까지 스스로 선택할 수 있어서 거부감이 줄어듭니다. 그래서 요즘에는 온라인 비즈니스를 하는 대부분의 사람이 이러한 마케팅 방법을 사용하고 있어요. 하지만 아무리 좋은 방법도 잘못 쓰면 오히려 안 쓰는 게 나은 경우가 발생합니다. 실제로 이런 방식을 배워서 써먹는데도 효과가 없다고 울상인 경우가 많습니다. 이런 현상이 발생하는 원인은 아이러니하게도 완벽한 마케팅 퍼널을 구축하려는 욕심 때문입니다.

02: 완벽한 마케팅 퍼널을 짤 때 발생할 수 있는 문제

이번에는 완벽하게 마케팅 퍼널 전략을 짜려고 할 때 어떤 문제가 생길 수 있는지, 그리고 이런 경우에는 어떤 선택을 해야 정말 효율적으로 마케팅 전략을 세울 수 있는지 설명해 보겠습니다.

첫 번째 문제, 마케팅 전략을 구상하는 데 시간을 너무 많이 쓴다.

이런 경우는 좀 더 정확히 말하면 상품은 제대로 만들지 않은 채 마케팅 전략을 구상하는 것만 붙잡고 에너지를 너무 많이 쓰는 경우입니다. 마케팅은 툴에 불과합니다. 상품을 더 잘 팔고 사업을 촉진하기 위한 툴로 마케팅이 존재해야 의미가 있습니다. 그런데 상품을 제대로 만들어보지도 않았을 뿐만 아니라 상품을 직접 판매하면서 고객의 거절도 당해보지 않고 예측을 통해 완벽한 마케팅 전략만 짜고 있다면 주객이 전도된 것입니다. 아무리 오래 마케팅 전략을 구상해도 이러한 전략은 실전에서는 무조건 빈틈이 보이고 깨지게 되어 있습니다. 완벽하게 구축하고 철저하게 예측하려고 할수록 더욱 빗나가는 경우가 많습니다.

내 상품을 잘 만들고 판매하기 위해 마케팅 전략을 공부해야 합니다. 마치 자신의 본업이 마케팅 강사인 것처럼 공부하는 사람들이 있는데, 이것은 매우 잘못된 행동입니다. 사업을 잘 키우고 싶다면 상품을 잘 만들고 그 상품을 구매할 고객들을 만나서 이야기를 듣는 게 먼저입니다. 마케팅 공부는 하면 할수록 예측하고 싶어집니다. 만약 자신이 이런 상태라면 이것을 한 번 깨고 나와야 합니다.

고객을 만나서 거절도 당하고, 제품도 업그레이드하면서 두근거리는 마음으로 어떻게 이걸 더 잘 팔 수 있을까 고민하는 과정이 동반되어야 탄탄한 마케팅 전략이 나옵니다. 마케팅 공부만 하면서 전략을 짠다고 완성되는 게 아닙니다.

두 번째 문제, 상품을 제대로 팔아보지 않은 채 전략만 바꾼다.

콘텐츠를 발행하고 마케팅 전략을 세워도 상품이 팔리지 않는 원인은 매우 다양한데, 대표적인 원인은 다음과 같습니다.

❶ 콘텐츠를 보는 사람이 적은 경우
콘텐츠를 통해 상품을 알리는데 내 콘텐츠를 보는 사람의 수가 적다면 상품이 판매될 가능성도 그만큼 낮아집니다.

❷ 콘텐츠와 상품의 연관성이 낮은 경우
콘텐츠와 상품의 연관성이 높다면 팔로워가 적어도 상품이 판매됩니다. 하지만 그렇지 않으면 팔로워가 아무리 많아도 상품이 그에 비례해서 팔리지는 않습니다.

❸ 상품 자체의 메리트가 떨어지거나 상품을 설명하는 세일즈 페이지가 매력적이지 않은 경우
고객 입장에서 자신이 왜 이 상품을 사야 하는지 납득이 되지 않는다면 상품이 팔리지 않는 것은 당연합니다.

이 밖에도 상품이 생각처럼 안 팔리는 이유는 셀 수 없이 많습니다. 이런 문제를 해결하려면 현재의 상품 판매 과정을 객관적으로 바라볼 수 있어야 합니다. 즉, 이 상품을 잘 아는 사람뿐만 아니라 모르는 사람까지 포함해서 다양한 사람의 의견을 반영할 필요가 있습니다. 특히 고객의 후기를 살펴보면 제품에 대한 좀 더 객관적인 시선을 파악할 수 있어요. 그리고 개선해야 할 것들을 하나씩 테스트하듯이 수정해가는 작업이 필요합니다. 그런데 상품을 제대로 팔기 전에 전략만 계속 바꾼다면 어떻게 될까요? 누가 좋다고 하는 SNS 채널을 만드느라 바쁘고, 어떤 꼼수가 좋다고 해서 그걸 쫓아서 다시 전략을 바꾸며, 후킹 메시지에만 신경 쓰면서 시간과 에너지를 쓰는 사람이 너무 많습니다. 객관적이고 냉정하게 분석하지 않고 휩쓸리듯이 바꾸는 전략으로는 높은 성과를 기대하기가 매우 어렵습니다.

세 번째 문제, 고객의 목소리는 듣지 않은 채 마케팅 전략만 짠다.

고객은 '무반응' 형태여도 어떤 식으로든지 계속 피드백을 주고 있습니다. 피드백이라는 게 꼭 '이런 상품을 만들어주세요.'라는 구체적인 내용으로만 오지는 않습니다. 고객이 내 콘텐츠에 기대보다 반응하지 않는다면 왜 반응하지 않는지, 어떻게 반응을 보이게 할지를 고민해야 합니다. 이러한 고민을 바탕으로 개선된 메시지를 담은 콘텐츠를 발행하면서 가볍게 테스트해 볼 수 있어요. 한 단계 더 나아가 무료 자료를 이용해서 테스트해 볼 수도 있습니다.

고객의 목소리는 듣지 않고 마케팅 전략만 잘 짜면 고객이 저절로 찾아오고 상품을 구매할 것이라는 기대는 착각에 불과합니다. 고객이 무엇을 원하는지 잘 살펴보고 그중에서 내가 할 수 있는 것과 할 수 없는 것은 무엇인지 구분한 후 중심을 잡고 상품을 잘 팔기 위해 전략을 짜야 합니다. 내 고객의 숫자가 부족하다면 비슷한 업종의 고객들이 어떤 말을 하고 있는지 후기를 살펴보면서 파악해야 합니다. 수백 개의 퍼널을 짜보면서 느낀 핵심은 다음 한 문장으로 요약할 수 있습니다.

사람은 내 생각대로 움직이지 않는다.

마케팅 전략을 짜놓기만 하면 사람들이 그에 맞춰 움직일 것이라고 기대하는 것은 세상이 모두 내 뜻대로 움직여 주기를 바라는 것과 같습니다. 냉정하게 말하자면 '절대로' 불가능한 일입니다. 세상을 이렇게 쉽게 살 수 있는 사람은 존재하지 않습니다. 그러므로 상품을 만들기도 전에, 팔기도 전에 처음부터 마케팅 전략을 완벽하게 짜고 이것을 자동화하려는 생각은 절대 금물입니다. 일단 하나의 상품이라도 만들고 전략이 부족해도 한 번 무식하게 팔아봐야 합니다. 이 과정에서 날것의 피드백도 듣고, 문제 해결력도 키우며, 소비자의 진짜 마음을 파악한 다음 마케팅 전략을 지속적으로 업그레이드한다고 생각해야 합니다.

진정한 자동화는 기술이 아니라 생각에서 시작된다

01 : 자동화 마케팅에서 기술보다 중요한 것

이 책을 처음 펼쳤을 때 어떤 내용을 기대하셨나요? 많은 분들이 구체적인 자동화 방법과 쉬운 툴 사용법을 기대하셨을 겁니다. 그리고 그것만 알면 자동화 마케팅이 구현될 거라고 생각했을 거예요. 이러한 기대는 당연합니다. 실제로 현장에서 자동화 마케팅에 관심 있는 수많은 사람을 만났을 때도 대부분 같은 기대감을 가지고 있었습니다. 기술을 배우고 싶어 했고 HOW TO에 매우 목말라 있었죠.

자동화를 하고 싶은데 익숙하지 않은 사람들 입장에서는 어떤 툴을 쓰면 내 고민이 해결되는지, 그 툴을 어떻게 쓰는지에 대해 관심이 가기 마련입니다. 물론 장기적으로 자동화 마케팅을 제대로 구현하려면 관련 툴 사용은 필수입니다. 그래서 이 책에서도 이런 부분을 다루고 있고 이것을 잘 활용하기 위한 공부도 지속되어야 합니다. 기술 발전에 맞추어 새로운 툴을 배우고 그 툴로 다양하게 테스트해 보는 것은 권장할 만합니다. 하지만 본질적인 부분은 뒤로 하고 기술적인 부분에만 집중하면 오히려 목적과 수단이 쉽게 뒤바뀔 수 있으니 주의해야 합니다.

'자동화 마케팅'도 결국 마케팅의 일부입니다. 사업을 더 잘하기 위해서, 상품을 더 잘 팔기 위해서, 내 뜻을 더 잘 펼치기 위해서 활용하는 마케팅 방법 중 하나라는 뜻입니다. 마케팅 툴이나 자동화 툴 같은 것도 더 나은 마케팅을 위한 수단에 불과하다는 사실을 꼭 기억해야 합니다.

사업을 제대로 해 본 적도 없고 상품을 열심히 팔아본 적도 없는데, 좋은 툴 하나 배운다고 갑자기 사업이 잘되고 상품이 잘 팔릴까요? 절대 그렇지 않습니다. 그것이 본질이 아니기 때문이죠. 툴의 종류나 수를 따지면 세상에는 셀 수 없이 다양한 툴이 있습니다. 자동화 마케팅 전문가인 필자들 또한 이렇게 수많은 툴을 모두 사용해 보지 않았고 앞으로도 그럴 것입니다. 새롭고 좋은 툴은 끊임없이 나올 것이고, 그것을 계속 쫓아가다가는 중요한 것을 놓칠 수 있다는 사실을 알기 때문입니다.

좋은 툴을 모두 익히는 것은 불가능에 가깝습니다. 모두 익힐 수 있다고 해도 사용할 줄 아는 것과 사업에 적용해서 실제로 돈을 벌게 만드는 것은 완전히 별개입니다. 주변을 보면 더 좋은 툴만 계속 찾아다니는 사업가들이 있습니다. 그들은 그 툴만 배우면 사업에 날개를 달 것처럼 이야기하지만 얼마 지나지 않아 그 툴에 대한 불만을 이야기하곤 합니다. 그러다가 또 다른 툴을 찾았다고 배우러 다니죠.

본질이 아닌 것에 너무 많은 에너지를 쏟으면 방향을 잃습니다. 방향을 잃으면 하루하루 재미가 없습니다. 재미 없는 일을 하면서 돈을 버는 것은 오래가지 못합니다. 하지만 기발하고 신기한 툴들은 계속 사람들을 유혹합니다. 그리고 이런 기술을 배우면 인생이 바뀐다고 고약한 말을 하는 사람들이 성행합니다. 기술을 몰라서 돈을 못 버는 것이고 자동화를 못하는 것이라고 말한다면 그것은 스스로를 속이는 행위입니다. 기술은 본질이 아닙니다. 정말로 그만큼 기술적인 게 중요하다면 실제로 모든 자원을 거기에 투자하고 걸어야 합니다. 하지만 또 그렇게는 하지 않습니다.

02 : 질문을 통해 마주하는 자동화의 본질

자동화 마케팅 시스템을 제대로 구축하고 싶다면 툴도 툴이지만 항상 본질을 생각해야 합니다. 예를 들어, '나는 왜 자동화 마케팅 시스템을 구축하려고 하는가?'와 같은 질문을 하면서 말이죠. 독자 여러분은 어떤 이유 때문에 자동화 마케팅 시스템을 구축하고 싶나요?

- 인건비와 광고비를 줄이고 싶어서
- 효율적으로 사업을 하고 싶어서
- 소극적 소득을 만들고 싶어서
- 현재 하는 업무가 너무 많아서
- 더 잘하는 일에 집중하고 싶어서

이 밖에도 정말 다양한 이유가 있겠지만, 여기서 한발 더 나아가 '왜?'라는 질문을 몇 번 더 던져보세요. 예를 들어, 효율적으로 사업을 하고 싶어서 시스템을 만들겠다고 생각했다면 '왜 효율적으로 사업을 하고 싶은지' 한 번 더 질문을 던져보는 것입니다. 여기서 나온 답변에 대해 또다시 '왜'를 던져보면 더 좋고요. 스스로 여러 번 '왜'라는 질문을 던지다 보면 나를 움직이게 만드는 진짜 동기가 보입니다. 처음에는 돈을 벌기 위해서라고 답변했어도 여러 번 반복해서 질문하다 보면 가족과 더 많은 시간을 보내고 싶거나, 즐거운 일을 하고 싶다는 속마음이 나올 수 있으니까요. 이러한 속마음을 바탕으로 어떤 형태의 자동화 시스템을 구축하고 싶은지 떠올려보세요. 질문과 답변을 반복한 후에 떠올리는 자동화 시스템의 구현 모습은 처음과 다를 것입니다.

원하는 형태의 시스템이 곧바로 만들어지지는 않겠지만, 적어도 어느 방향으로 가야 하는지, 어느 방향으로 가야 내가 동력을 얻을 수 있는지 파악이 될 것입니다. 동기 부여에 대한 동력을 스스로 만들어낼 수 있어야 시스템 구축 과정에서 겪는 수많은 문제 앞에서 포기하지 않습니다. 오히려 두 팔 벌려 환영하게 되죠.

여러 번의 질문을 통해서 내면의 목소리를 자주 들어야 합니다. 이 과정은 어렵습니다. 그런데 어렵지 않으면 차별화가 안 됩니다. 그러니까 어렵다고 느껴지면 기뻐해야 합니다. 스스로 차별화의 단계를 선택해서 가고 있다는 증명이기 때문입니다. 중심을 잡지 못하고 이리저리 툴 공부에 이끌려 다니면서 자신의 아이템이 무엇인지도, 자신이 어떤 고객을 상대하고 있는지도 잊어버린 채 단지 후킹 메시지에 따라 불안감에 결제만 하고 있다면 이것이야말로 정말 큰 문제입니다. 차라리 어렵더라도 내면의 목소리에 말을 걸면서 중심을 잡을 수 있는 철학과 동력을 만들어내는 게 낫습니다.

만약 독자 여러분이 자동화 마케팅으로 사업을 잘하는 사람을 보았다면 그 사람의 사업이 잘되는 이유는 자동화를 했기 때문도 아니고 특정한 툴을 사용했기 때문도 아닐 겁니다. 이러한 자동화를 구현하기 위해 본질에 대해서 치열하게 생각을 쌓아왔기 때문입니다. 이 과정에서 만나는 수많은 문제를 보고 차별화 기회가 왔다고 두 팔 벌려 환영한 시간을 쌓아왔기 때문입니다. 설령 이 사람이 이런 방식으로 성공했어도 그 방식이 나에게 똑같이 잘 적용되고 잘 맞으리라는 보장은 없습니다. 예를 들어, 상품 판매가 어려운 사람의 자동화와 CS(Customer Service, 고객 서비스)를 힘들어하는 사람의 자동화 형태는 다를 수밖에 없습니다. 사람의 성향과 성격에 따라 각자 원하는 자동화의 형태가 모두 다를 수도 있습니다. 그러므로 독자 여러분이 정말 자동화 마케팅을 하고 싶다면 내가 왜 자동화를 하고 싶은지를 먼저 떠올려보세요. 자신만의 자동화 마케팅 시스템 구축은 여기서부터 시작되는 것입니다.

자동화가 모든 일을 해결해 주지 않는다

01 : 자동화가 주는 환상에서 빠진 한 가지

독자 여러분은 완벽한 자동화 마케팅 시스템이 어떤 모습으로 그려지
나요? 저희가 처음 자동화 마케팅의 세계를 알고 시스템을 구축하기
로 마음먹었을 때 머릿속에 그려진 모습은 다음과 같았습니다.

> ❶ 발행한 콘텐츠를 통해 상품에 관심이 있는 고객들이 술술 모입니다.
> ❷ 그중에서 더 관심이 많은 고객들이 무료 자료와 MVP 상품을 이용하고
> 그 과정에서 메인 상품에 대한 호기심과 호감이 생깁니다.
> ❸ 대면해서 억지로 권하지 않아도 이런 고객 중 일부가 고액의 메인 상품
> 을 구매합니다.
> ❹ 이 과정에서 판매자가 하는 일은 거의 없지만, 매출은 자동으로 발생하
> 게 됩니다.
> ❺ 놀 때도, 잠을 잘 때도 계속 늘어나는 수익을 보며 흐뭇하게 미소 짓습
> 니다.

어떤가요? 독자 여러분의 머릿속에도 비슷한 상황이 그려졌나요? 자
동화 마케팅으로 사업 시스템을 구축하면 내가 잘 때도, 놀 때도 수익
이 들어올 수 있다고 생각하니 마치 꿈만 같았습니다. 하지만 이것이
정말 꿈이었다는 걸 알게 되기까지 그렇게 오래 걸리지 않았습니다.

오해는 하지 마세요! 꿈이었다는 걸 알았다는 게 처음에 그렸던 모습

이 불가능한 이야기라는 뜻은 아닙니다. 시스템만 잘 갖춰 놓으면 들이는 노력에 비해 실제로 큰 수익이 들어오는 게 사실입니다. 10의 에너지를 써서 10을 버는 게 아니라 100도 벌고 1,000도 벌 수 있어요. 상상만 해도 즐겁지 않나요? 하지만 이런 상상에서 빠진 게 있습니다. 실제 진행 과정에서 겪게 될 대부분의 어려움이 간과되어 있습니다.

02: 언제나 예기치 못한 일은 발생한다

이 책을 집필하는 도중에 실제로 발생했던 일입니다. 어떤 분이 세일즈 페이지에 접속이 안 된다고 문의해서 급히 확인해 보니 홈페이지에 과도한 트래픽이 발생하고 있었습니다. 이렇게 트래픽이 발생할 만한 일이 없어서 자세히 알아보니 홈페이지가 멀웨어(malware)에 감염된 것을 알게 되었어요. 국내외 전문가들에게 문의했지만, 해당 문제를 해결할 수 있는 방법이 없다고 했습니다. 최악의 경우 약 5년 동안 유지해온 기존 홈페이지를 없애고 새로 만들어야 하는 상황이었죠. 다행히 해외의 새로운 전문가를 찾아서 문제를 해결했지만, 피해를 입은 것도 사실입니다.

> 💡 **comment** 멀웨어(malware)는 '악성 소프트웨어(malicious software)'의 약자입니다.

홈페이지를 복구하기까지 돈은 돈대로, 시간은 시간대로 썼습니다. 홈페이지가 제대로 작동하지 않는 기간 동안 구매 전환은 포기해야 했어요. 게다가 멀웨어에 감염된 기간 동안 구글에서는 우리 홈페이지를 문제가 있는 페이지로 인식해서 SEO(검색 엔진 최적화) 작업을 했던 글이 모두 검색되지 않는 상황이 되었습니다. 이 이야기를 통해 독자 여러분을 두렵게 하려고 하는 것은 아닙니다. 언제든지 예상치 못한 상황이 발생할 수 있다고 이야기하는 것입니다.

만약 자동화 시스템만 구축하면 손 하나 까딱 안 하고 돈을 벌 수 있다고 기대하다가 이런 문제를 만났다면 어땠을까요? 훨씬 당황하고 좌절감이 들었을 것입니다. 이러한 좌절은 쉽게 포기로 이어질 수도 있어요. 실제로 기업에 자동화 마케팅 구조가 잘 정착되면 광고비뿐만 아니라 비효율적인 인력도 차차 줄일 수 있습니다. 하지만 사람 대신 툴이 일한다고 해서 모든 게 완벽하게 돌아가는 것은 아닙니다. 때로는 사람이 담당했다면 일어나지 않을 일이 툴을 사용해서 발생하기도 합니다.

비교적 간단한 자동화 프로세스 하나를 구축해도 상당한 에너지가 들어갑니다. 툴을 서로 연결하는 과정에서 오류가 발생하기도 하고, 잘 사용하고 있던 툴이 갑자기 서비스를 종료하기도 하며, 서비스 내용이 달라져서 툴을 교체해야 하기도 합니다. 또한 이런 것들을 모두 구축해도 고객이 오지 않을 수도 있고 잘 돌아가던 프로세스에서 알 수 없는 오류가 발생하기도 합니다. 한 번 세팅으로 모든 게 자동화되고 놀면서도 쉽게 돈을 벌 수 있다고 믿다가 현실에서 다양한 장벽을 만나면 정말 당황스럽습니다.

 SUMMARY

자동화 마케팅 시스템은 사람이 다니는 등산로와 같습니다. 길을 쓸고 나무를 걷어내지 않으면 길이 막혀서 사람이 다니지 못하게 되듯이 시스템도 그렇습니다. 사람들이 잘 다닐 수 있는지 정기적으로 살펴보고 문제가 있으면 개선해야 합니다. 사람들이 더 편하게 다닐 수 있는지에 대해서도 즐겁게 고민해 보고 실제로 반영까지 해 보아야 사람들이 계속 찾아옵니다.

초기 시스템을 반복해서 업그레이드하다 보면 이 모든 과정이 자연스러워지는 때가 올 것입니다. 또한 업그레이드할 수 있는 포인트를 찾기가 어려운 순간도 올 것입니다. 이런 날이 오면 더 적은 에너지를 들이면서도 더 많은 성과를 만든다는 것이 어떤 느낌인지 짜릿하게 느낄 것입니다. 이런 단계까지 기꺼이 공부하고 개선하고 즐기는 것, 이것이 바로 자동화 마케팅 시스템을 만드는 매력 포인트입니다.

자동화 마케팅은 더하기가 아니라 '빼기'다

01 : 반복해서 같은 이야기를 당부하는 이유

이번 파트에서는 자동화 마케팅을 실제로 진행하면서 겪을 수 있는 다양한 어려움에 대해 이야기하고 있습니다. 군이 왜 이런 이야기를 하는지 의아할 수도 있습니다. 효율적인 자동화 마케팅 방식과 툴 사용법의 긍정적인 부분만 전해도 될 텐데 하면서 말이죠. 이러한 이야기로만 채워도 충분한 분량으로 책을 쓸 수 있습니다. 그럼에도 불구하고 군이 자동화 마케팅의 한계와 어려움에 대해 이야기하는 이유는 다음과 같습니다.

첫 번째 이유, 불필요한 환상을 심어주고 싶지 않기 때문입니다.

자동화 마케팅이 무엇인지는 정확히 몰라도 이 표현이 주는 느낌만으로도 충분히 매력적인 포인트가 있습니다. 어떤 사람은 매우 큰돈을 내서라도 이런 과정을 찾아서 듣기까지 할 정도니까요. 하지만 이런 내용을 듣기만 한다고 누구나 순탄하게 자신이 원하는 목표까지 가지는 못합니다. 먼저 공부했고, 실험했으며, 주변에서 시행착오를 겪는 사람들을 오랜 시간 지켜본 입장에서 말씀드리자면 확실히 '자동화 마케팅'이라는 분야는 불필요한 환상이 많이 심어져 있는 게 사실입니다. 이 책을 집필한 저희뿐만 아니라 주변에 실제로 성과를 냈던 사람들은 냉정하게 그 환상을 걷어내고 좀 더 현실적으로 받아들여야 하는 부분까지 인정하면서 진짜 성장할 수 있었습니다. 이런 현실적인 어려움에 대한 이야기가 책 판매에 도움이 안 되거나 자동화 마케팅 자체에 의구심이 들게 만든다고 해서 다루지 않는다면 그것은 떳떳하지 못한 행동이라고 생각합니다.

어떤 것이든지 항상 양면성이 있습니다. 한쪽 면만 안다고 해서 전부를 안다고 말할 수 없습니다. 이왕이면 이 책을 통해서 자동화 마케팅의 양면을 모두 전하고 싶었습니다. 이러한 양면을 받아들이고 자동화 시스템 구축에 도전한다면 중간에 위기가 와도 더욱 잘 이겨낼 것이라고 생각합니다.

두 번째 이유, 이 책이 정말 간절한 사람에게 닿기를 바라기 때문입니다.

누구나 쉽고 간단하게 따라 할 수 있다는 것은, 바꿔 말하면 언제든지 경쟁자가 늘어날 수 있다는 것과 같습니다. 반대로 진입 장벽이 있다는 것은, 경쟁자도 쉽게 늘어나지 못한다는 것과 같습니다. 경쟁자가 많아지면 비효율성이 발생할 가능성이 높아집니다. 불필요한 경쟁과 견제가 불필요한 비용 낭비와 감정 소모를 만듭니다. 적어도 이 책에서 이야기하는 자동화 마케팅의 기회와 한계를 모두 받아들일 수 있다는 것은 남들이 넘지 못할 진입 장벽을 하나 넘은 것과 같습니다. 그리고 이런 진입 장벽을 넘은 사람은 아마도 진심으로 절박한 사람일 것입니다. 바로 이런 사람이 과도한 지출을 줄이고 효율적으로 사업을 하면 좋겠습니다. 그리고 치열하고 과도한 경쟁을 초월해서 즐겁게 돈을 벌고 세상에 더 많이 베풀어 주기를 기대하고 있습니다.

이런 두 가지 의미를 언급하면서 마지막 파트에서 강조하고 싶은 핵심 이야기를 전하겠습니다. 자동화 마케팅은 '더하는 게 아니라 빼는 게 더 중요하다'는 이야기입니다. 이전에 한 업체와 자동화 마케팅과 관련된 미팅을 했습니다. 자동화 마케팅 과정을 궁금해 해서 설명했더니 필요한 것 같은데 기존에 하던 일이 많아 고민이 된다고 했어요. 이미

일을 많이 하는 상황에서 새로운 시도를 하는 것은 당연히 부담스러울 것입니다. 심지어 잘될지, 안 될지 감이 안 잡히는 상황에서 시도하는 것은 더욱 쉽지 않죠.

02 : 자동화 시스템을 만들기 위해 가장 먼저 해야 할 일

만약 정말 자동화 마케팅 시스템을 만들고 싶다면 현재 사업 진행 과정에서 비효율적인 부분이 있는지 살펴보는 것부터 시작해야 합니다. '비효율적'이라는 것은, 투입하는 에너지 대비 성과가 적다는 의미입니다. 다시 말해서 성과가 원하는 만큼 나오고 있어도 그 이상으로 에너지가 투입되었으면 비효율적인 부분입니다. 이런 부분을 체크하고 걷어내지 않은 채 자동화만 쫓는다면 오히려 해야 할 일만 늘어날 수 있습니다. 만약 인력과 비용이 충분해서 일정 기간의 비효율성을 감당할 수 있다면 좀 낫습니다. 하지만 소규모 업체가 그러기는 쉽지 않죠. 사장님 혼자 일하거나 소수의 직원과 일하는 상황에서 비효율성에 대한 정리 없이 자동화 마케팅만 탑재하려고 한다면 업무는 가중되고 성과는 계속 제자리걸음을 하게 될 것입니다.

그러면 어떻게 해야 현재 하는 일을 효율적으로 만들 수 있을까요? 이런 경우에는 우선 지금 하는 일을 모두 정리해 보는 게 중요합니다. 어떤 일을, 어떤 순서로 진행하고 있는지 단순히 나열만 해 봐도 됩니다. 흔히 사람들은 '일이 많다'고 뭉뚱그려서 이야기합니다. 하지만 크게 보면 이 말은 결국 하나의 일을 하는 데 큰 에너지가 들거나, 일의 종류가 너무 많아 특정 업무에 집중하기 어렵다는 것을 의미합니다.

머릿속에서만 생각하면서 정리하는 것은 큰 의미가 없습니다. 펜으로 직접 적거나 컴퓨터 화면에 적어보아야 실제로 덜어내야 할 것이 그나마 눈에 띕니다. 한 번만 일해도 될 것을 두세 번씩 일하고 있는 부분도 보이고요. 생각하면서 정리하려고 하면 계속 생각에 끌려다닙니다. 당연히 정리도 잘 안 됩니다. 그러므로 불필요한 부분과 비효율적으로 진행되는 부분을 하나씩 찾고 과감하게 정리해야 합니다. 상황에 따라 바로 모든 것을 바꾸기 어려울 수도 있습니다. 지금 중요한 것은 현재 사업 프로세스 중 불필요한 부분이 있다는 것을 일단 받아들이는 것입니다.

자동화 마케팅을 관통하는 키워드는 '효율화'라고 이야기했습니다. 효율은 무언가를 더할 때 나오지 않고 무언가를 뺄 때 나옵니다. 사실 더하는 것보다 빼는 것이 훨씬 더 어렵습니다. 우리는 계속 더하는 게 좋다고 무의식적으로 인지하기 때문이죠. 하지만 이렇게 불필요한 부분 때문에 인력과 비용이 낭비되고 있다는 것을 인지했다면 좀 더 과감해질 필요가 있습니다. 자동화 마케팅에서는 다다익선(多多益善)이 아니라 '소소익선(少少益善)'이라고 생각해야 합니다.

지금 하는 업무에서 불필요한 부분을 제거하다 보면 다른 일을 할 수 있는 여력이 생깁니다. 그 여력이 생겼을 때 작은 부분부터 자동화를 시도하면서 실제로 일을 줄이고 성과는 높이라고 이야기하고 싶습니다. 진정한 자동화 시스템 구축을 이루는 날까지 파이팅하세요!